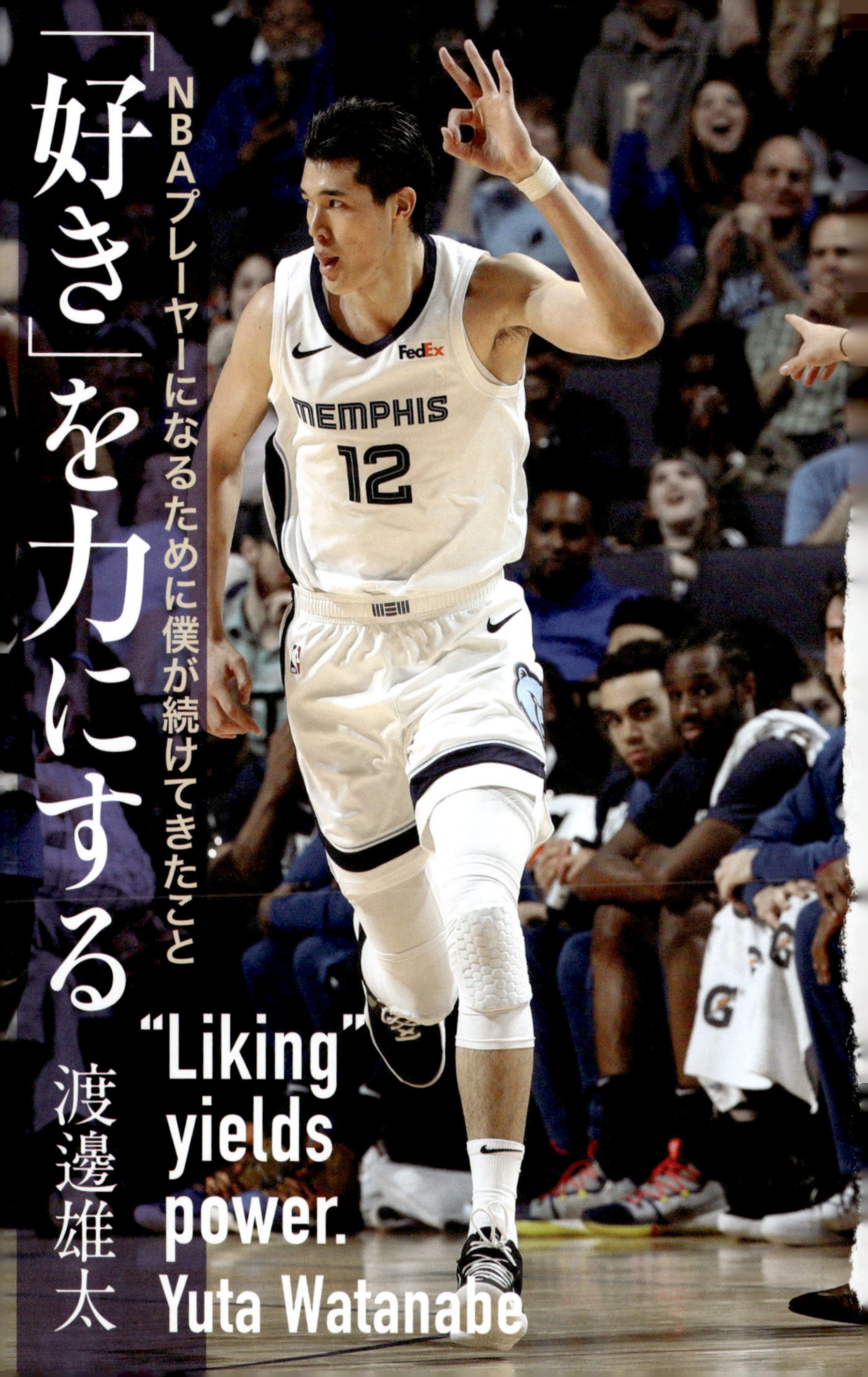

NBAプレーヤーになるために僕が続けてきたこと

「好き」を力にする

渡邊雄太

“Liking” yields power.
Yuta Watanabe

はじめに

２０１８年7月、僕はアメリカ南部のテネシー州メンフィスを本拠地とするＮＢＡのグリズリーズ、およびＧ[★1]リーグに参加する下部チームのハッスルと2[★2]ウェイ契約を結びました。

幼いころからの夢が実現し、バスケットボールで世界最高峰の舞台であるＮＢＡでプレーできることが決まったのです。嬉《うれ》しくてたまらない瞬間でした。

待ちに待った２０１８‐２０１９シーズンがスタートしたのは10月16日。以降、シーズンを通して僕はグリズリーズで15試合、ハッスルで35試合に出場し、プロバスケットボール選手として初めてのシーズンを終えました。

２０１９年5月、僕は10カ月ぶりにアメリカから地元香川に帰郷しました。

アメリカでの生活は高校卒業後からスタートし、この時点ですでに6年が経過していました。今年25歳になる僕にとって、アメリカは人生の約4分の1を過ごした親しみ溢《あふ》れる土地であるのは間違いありません。ですが、育った香川に帰ってくると、「やっぱりここが自分のホームグラウンドだな」と、いつもホッとした気持ちになるものです。

高松空港に到着後、実家に向かう車の中からお椀《わん》をひっくり返したような山がぽこぽこと並んでいるのが見えてくると、「ああ、帰ってきた」と実感します。

実家の周りは最近になってずいぶん住宅が増えましたが、まだまだ周辺には田んぼが多く、田舎の風情に溢れています。夜になれば辺りは暗闇に包まれ、その静けさに触れるたびに自然と肩の力が抜けていくのです。

実家に戻った僕がすぐに行なったのは、NBAのチームの一員としてアメリカで過ごした10カ月間の振り返りでした。

最初に頭に浮かんできたのは、香川からアメリカに旅立つときのことです。あのときの僕は、新たなチャレンジを前にしてとにかくワクワクしていたのを覚えています。

出発を前にして「不安はないのか?」とよく聞かれましたが、それよりも楽しみや期待のほうがはるかに大きく、洋々とした気持ちで出かけていったのです。

振り返りをしながら強く感じたことは、「この10カ月で大きく成長できた」という手応《てごた》えです。

実は、そう感じたのは僕だけではありませんでした。

帰郷後、両親や知り合いたちから、「顔つきが変わった」と言われたのです。自分では顔の変化までは気づきませんでしたが、「第一線で勝負する男の顔になってきた」と告げられると、悪い気はしません。

もしも本当に顔つきまで変わったのなら、それは1シーズンの間、厳しい世界で戦い抜き、「成長できた」からだと思います。

帰国後、スポーツ番組やニュース番組などに出演する機会がありました。以前から僕を知る人たちは、その姿を見て「しゃべり方が落ち着いて、余裕が出てきた」という印象を受けたそうです。

落ち着いて見えたのは、たぶんこれも僕が人間的に成長できたからでしょう。特に精神面ではかなりタフになりました。一方で、性格がおおらかになった気もします。

余裕については、プロとしてアメリカで1シーズンをプレーできたという自信がそうさせているのかもしれません。

気持ちに余裕が出た結果、1年前にはまだおぼろげだった道筋が鮮明に見えてきて、この先NBAプレーヤーとして生きていくためにいま何を準備しなくてはならないのかがわかってきたのは大きな収穫です。

もちろん、まだまだ実力不足なのは自覚しています。しかし、それを克服するためにすべきことが明確にわかったため、それが自信につながっているのでしょう。課題を克服する方策がわかれば、目の前に大きな壁が立ちはだかっていても攻略法を考えることはできます。このことに肌感覚で気がつけたのは幸いでした。

自分の成長を促したいと考えている人は実に多いと思います。まぎれもなく僕もその1人です。

幼いころからの僕の夢は、好きなバスケットボールを続け、NBAデビューを果たすことでした。その夢を叶《かな》えるために、成長を積み重ね、ついに夢の実現を果たすことができたのです。

その夢にたどり着くまでの過程で僕はいったい何をしてきたのか……。

僕はさらに振り返りを続けました。

そしてわかったのは、バスケットボールが「好き」だという気持ちを大切にし、その気持ちに素直に反応してバスケットボールに打ち込んだ結果、いつしかそれが計り知れない力となり、夢の実現までたどり着いたという事実でした。

これまで僕は、膨大な時間をバスケットボールの練習に割いてきました。これはNBAプレーヤーになったいまでも変わりません。

練習量の多さを見た人たちがよく口にするのは、「すごく頑張っている」「努力している」という感想です。

しかし、僕にとってバスケットボールの練習は「頑張ってするもの」でも「努力が必要なもの」でもありません。あくまでも好きで続けているだけであり、好きだからこそ飽きずに何時間でも続けられるのです。

僕が恵まれていたのは、幼い時分に好きなものを見つけられたことだと思います。誰に強制されるわけでもなくバスケットボールが自然に好きになり、気がつけばのめり込んでいました。その「好き」という気持ちを絶やさずに抱き続けた結果、NBAデビューという夢を果たせたのです。

対象が何であれ、「好きだ！」という感情の裏に無限の力が潜んでいる。僕はいま、そのことをひしひしと感じています。

人は誰でも「好きなもの」を持っているはずです。

その「好き」という気持ちに素直に従って真剣に向き合えば、スポーツであれ、仕事であれ、はたまた勉学であれ、必ずその分野で実力を伸ばしていける！

このことは、僕自身が実際に体験したことでもあり、胸を張って断言できます。

僕はいま24歳です。まだまだ未熟で、人生経験も豊富ではありません。ですが、「好きなもの」に対する情熱と、「好き」という気持ちを力に変える方法に関しては、自分の経験に基づいてアドバイスができるのではないかと思っています。

僕がどのようにして「好きなもの」を見つけ、それを「好きなもの」としてずっと胸に抱き、「好き」という気持ちをどのように力にしてきたのか――。

本書では「『好き』を力にする」というタイトルで、僕の考え方や経験を語っていきます。

少し真面目《まじめ》になってしまいましたが、全編にわたって堅苦しい話をするつもりはありません。読んでいただければわかると思いますが、本書の中には僕の個人的な話もあちこちに盛り込まれています。

それらのエピソードにも触れていただきながら、読者の方々に「『好き』を力にする」ためのヒントや手がかりを得ていただければ嬉しいです。

2019年8月吉日

渡邊雄太

＊1　NBA公式のマイナーリーグ。将来のNBAプレーヤーを育成する目的で、2001年に「Dリーグ（デベロップメント・リーグ）」という名称で発足し、2017年からはペプシコ社とのスポンサー契約が締結されたことにより、「Gリーグ（ゲータレード・リーグ）」と改名。2018-2019シーズン時点でのチーム数は27。

＊2　NBA、Gリーグ両方のチームと、同時に結んでいる契約形態のこと。2017-2018シーズンから新たに始まった制度。各NBAチームはロースター枠15人に加え、最大2名まで2ウェイ契約を結ぶことができる。2ウェイ契約を結んだ選手は、基本的にGリーグの試合に出場しながら、1シーズン最大45日間までNBAの試合に帯同できる。ただし、2ウェイ契約を結べるのはNBA在籍年数が4年までという条件があり、同じチームとは2年までしか契約できない。

STEP 2
現在地の見極め方

STEP 3 才能を伸ばすために何をすべきか 109

STEP 4 NBAの世界で得た学び 129

STEP 5

「アメリカ」という影響

STEP 6 さらなる高みを目指して

※本文中の各選手の所属については、2019年8月現在とする。

"Liking" yields power.

STEP 1
夢に向かって

四六時中バスケの話は、我が家の「自然」

01

僕がバスケットボールを始めたのは、何と言っても両親の影響があったからに他ならない。父・渡邊英幸はかつてバスケットボールの日本リーグの熊谷組に所属する選手だった。一方、母・久美（旧姓久保田）は、日本リーグのシャンソン化粧品でプレーし、1983年には日本代表として世界選手権に出場している。

しかし僕は、2人の現役時代のプレーを実際に見たことはない。両親は僕が生まれる5、6年前にすでに現役を引退していたからだ。

僕が生まれたのは横浜だった。その後、4歳のときに香川県の三木町《みきちょう》に引っ越してきた。小さかったので横浜のことはほとんど何も覚えておらず、僕は自分を香川の人間だと思っている。香川県は父の出身地でもある。

転居してしばらくすると、母はミニバスケットボールのコーチを始めた。まだ幼かった僕は、母がコーチをする際にはいつも一緒についていき、コートの脇で練習を眺めるようになる。そんな日々を送っていたので、物心ついたときにはバスケットボールはすでに身近なものだった。

「僕もバスケットボールをやりたい」

こう口にするようになるのは、時間の問題だった。母がコーチしているチームの練習を見ていて、「面白そうだな」と感じるようになっていたのだ。

ところが、小学生にならないとチームには入れない決まりがあった。幼稚園児だった僕は「早く小学生にならないかな」と待ち遠しい思いを強いられるのだった。

渡邊家は、傍《はた》から見ればやはりバスケ一家と言っていいだろう。だが、それに気がついたのは、だいぶあとになってからだった。

いま思い出すと、確かに家族の話題はバスケットボール関連が多かった。ただ、当時の僕はそれがどの家でも当たり前だと思っていたし、バスケットボールをやっている人が家族にいれば、バスケの話をするのが当然だとも考えていた。

家で見るテレビ番組といえば、ＮＢＡの試合の中継である。僕は当時のスーパースター、コービー・ブライアントのプレーに釘づけだった。そのころの僕には、そこがどれほどすごい舞台なのかは当然理解できていなかった。しかし、こうした環境で育つ中で「将来ＮＢＡプレーヤーになりたい」という思いが募《つの》っていったのだろう。

我が家の環境が普通ではないと気がついたのは、高校生のときだった。

夏休みに、チームメートが僕の家に泊まりに来たことがあった。友だちが泊まりに来ていても、基本的にはいつもと変わらず、我が家はバスケットボールの話題が多い。つまり通常どおりの渡邊家であった。

その夜、寝ようとして布団に横になると、友だちがぼそりと言った。

「雄太、おまえの家、バスケの話ばっかりだな」

そう言われて初めて「うちの家族は四六時中バスケの話ばっかりしているんだな」と気づかされたのだ。

以降、意識して家族の話題に注意を向けていると、確かにバスケットボールの話ばかりしている家族であった。

例を紹介するとこんな感じだ。

最初は取り留めのない話をしているのだが、いつの間にか「あの試合のオフェンスのプレーは良かったよ」とか「あの場面ではこうしたほうが良かったのではないか」など、食事時であろうと居間で寛《くつろ》いでいるときであろうと、話題はいつの間にかバスケットボールに行き着くのだ。僕には姉がいて、彼女も本格的にバスケットボールをしていたので、どんなに話してもバスケットボールネタが尽きることはなかった。

友だちからは「バスケの話ばかりで退屈じゃない？」と聞かれたりしたが、僕自身はそんな疑問さえ抱かなかった。楽しいとか、つまらないとかの問題ではなく、それが我が家では自然だったのだ。

やはり渡邊家は筋金入りのバスケ一家なのだ。

02 「やればできる」が自信を育てる

小学1年生になった僕は、改めて「バスケをやりたい!」と母に伝え、晴れてチームの一員になり、念願のバスケットボールデビューを果たした。とは言っても、自分よりも数段うまい上級生の選手たちがいたので、試合に出場することなど望むべくもなかった。母と一緒に体育館に出掛けると、来る日も来る日も練習をするだけの日々を送っていた。

「練習ばかりでつまらなかったのでは?」

こんな質問をよくされるが、そんな気持ちは一切起きなかった。

このころは、上級生たちが試合する姿を見るごとに、「格好いいな」という憧れを強くする時期だった。だからと言って、早く自分が試合に出たいという気持ちは不思議と起きなかった。練習だけでもとにかく楽しく、まったく飽きなかったのだ。

練習は、木曜日の放課後、土曜日、日曜日の週3回。さらに僕が5年生になると、火曜日の放課後も加わり、週4回に増えていった。だが、それをつらいと思うことは一度もなく、練習日を心待ちにするほどバスケットボールにのめり込んでいった。

どんなスポーツでも、練習はあまり好きではないという人は多い。そのせいで、途中でやめてしまうケースはよくある。だが僕は、小学校時代からいまに至るまで、練習が嫌だと思ったことがない。当然、体力的にしんどいなと感じるときはある。ただし、「今日はボールを触りたくないな」と思ったことは一度もない。僕は本当にバスケットボールが好きなのだ。

ようやく試合に出られるようになったのは、4年生のときだった。試合に出られるようになると、僕はさらにバスケットボールに打ち込んだ。

所属するチームも好調で、6年生のときには県大会で優勝するほどであった。小学生時代は、練習をすればするほどうまくなっていくことが自分でも実感でき、何も考えずに単純にバスケットボールを楽しめる時期だった。

ところで、小学校、中学校時代、僕の両親はとても厳しかった。

いま思えば、確固たる自分をまだ形成できていない僕に対し、道標《みちしるべ》を示してくれていたのだろう。

ことバスケットボールに関しては、本当に厳しかった。そこはやはりバスケ一家である。僕はいつも両親から叱られていて、そのたびに泣いてばかりいた。しくしくと泣き始めると、父親からは「おまえは泣き虫だ」とまた叱られる。そんな状況だった。

一番大変なのは、試合が終わったあとの時間だった。良い試合のあとは、強く叱られたりしないのだが、試合の中で悪いプレーをしたときは、家に帰るのがつらかった。

そんな試合のあと、帰りの車の中にはいつも嫌な雰囲気が充満していた。

「これは帰ったら、また始まるな……。ああ、地獄だ……」

帰宅後を考えて、僕は憂鬱《ゆううつ》な気分になるのだった。

父はいつも、僕の試合の様子をビデオで録画していた。そして家に帰ると、必ず録画した映像を見ながら、試合を振り返る。この時間が〝お説教タイム〟と化すのだ。ダメなプレーをした場面があると何度も巻き戻され、「なんだ、このプレーは！」と言って叱られた。

自分が出場した試合だから、その悪いプレーのあとにいいプレーが続くのもわかっている。だから僕は、「次のプレーもちゃんと見てよ！」と反論したくなる。だが、いざその場面になると、「おまえ、これができるのに、なんでさっきみたいなプレーをするんだ」と突っ込まれ、また叱られてしまうのだ。

僕にとって、こうした時間は本当につらくてたまらなかった。

これだけ聞くと、「ひどい親だ！」と思うかもしれない。

でも、こうして叱られ続けながらも、僕がそれに押しつぶされなかったのは、父が「おまえはやればできるんだ」といつも言い添えてくれたからだろう。

厳格な父から「やればできる」と言われると、どこからともなく「自分は本当にできるんだ」という自信が湧《わ》いてくる。そして、そのお説教をきちんと受け止め、翌日からの練習で課題克服のための努力をしていると、もっとうまくプレーできる自分になっていることがわかるのだ。

いまとなっては、小学校時代の〝お説教タイム〟は、僕のプレーヤーとしての思考が培《つちか》われる原点であったのかもしれない。

03 「弱気」は最大の敵

泣くほど厳しく叱られ続けても父から離れなかったのは、どんなときでも僕の練習につき合ってくれたからという理由もある。

小学・中学時代、家に帰ってからも僕は毎日シュートの練習をしていた。この練習に父はいつもつき合ってくれた。練習好きな僕は、止められなければ2時間でも3時間でも練習に没頭することがあった。それでも父は何も言わずに見守ってくれたのだ。練習は、仕事前の早朝、あるいは父が会社から帰ってきてから始まる。仕事で疲れ、帰宅後は体を休めたいと思ったこともあるかもしれない。しかし父はそんなそぶりも見せず、夏の暑い日でも、冬の寒い日でも、何も言わずにつき合ってくれた。

バスケを始めたころ、よく行なっていたのは電信柱を使った練習だ。

近所にある小学校の校庭に行き、そこに立っている電信柱に向かい、僕はひたすらシュートを打つようにボールを投げ続けた。電信柱は円柱なので、少しでもずれたところに当てると、ボールはとんでもない方向に撥《は》ね返っていく。自分のほうにボールが返ってくるように、僕は決まった場所にボールを当てる練習を何度も繰り返した。

この練習をするときは、いつもゲーム方式を取り入れた。ボールがまっすぐ返ってくれば1点としてカウントし、先に10点を取ったほうが勝ちというルールで父と競いながら練習するのだ。

ほとんど遊んでいるような感覚だった。しかし、このゲームを繰り返し行なった結果、徐々にシュートのコントロール力が身についていく。

練習はやりようによって、面白くもできるし、退屈にもなる。長く続けられるようにするには、子どもが楽しいと感じる方法を考える必要がある。当時父は、僕が飽きずに練習を続けられるように工夫をしてくれたのだと思う。

自分の考えを押しつけたりしなかったのも、僕が父から離れなかった理由の1つかもしれない。

前述したとおり、父も日本では最高峰のリーグでプレーしていたバスケ選手である。

当然、小学生の僕のプレーに物足りなさを感じたはずだ。でも、「なんでこんな簡単なことができないんだ！」というセリフをぶつけてくることは一度もなかった。仮にそれを言われたら、「僕はお父さんとは違うんだ」と、反発心を大きくしたかもしれない。叱るにしても、その時点での僕ができること、できないことをしっかり理解した上での、お説教だった。

つらいと思うことも多かったが、コミュニケーションは決して父からの一方通行ではなかった。こうした関係がベースにあったから、嫌々ながらも父親のお説教に耳を傾けられたのだ。

そのころ、父が最も嫌っていたのは僕が時折見せる弱気なプレーだった。

「リングから逃げるプレーをするな！」

これが父の口癖だった。

バスケットボールを端的に説明すると、「ボールをリングに入れて、スコアを稼ぐスポーツ」ということになる。

できるだけリングに近いところからシュートしたほうが、成功する確率が高くなるのは当然で、となれば、リングに向かって果敢にプレーするのが選手たちのあるべき姿勢と言える。一方で、ディフェンスする側からすれば、できるだけ敵をリングに近づけさせないように邪魔をしてくる。それを嫌がって、リングから遠ざかるようなプレーばかりしていては、決して試合には勝てないのだ。

何の技術もない小中時代の僕がすべきなのは、ディフェンダーに立ち向かい、とにかくリングに近づいていくプレーをすることだった。にもかかわらず、ディフェンダーから逃げるようなプレーをしたりすると、「そんな弱気なプレーをするな！」「リングにまっすぐにアタックしろ！」と繰り返し叱られる結果になったのだ。

小学、中学時代、父からは細かい技術も教えてもらったが、「弱気になるな！」という姿勢は一貫して叩《たた》き込まれたと思う。

04 現時点でできることに集中する

地元の小学校を卒業したあと、僕は、地元・三木町の中学ではなく、隣町の牟礼《むれ》中学校に進学することになる。いわゆる越境入学というやつだ。

本来であれば、県大会で優勝したミニバスケットボールのチームメートたちとともに、地元の中学に進学するのが普通である。また、このメンバーとともにバスケ部に入れれば、中学でも当然強いチームになると考えられた。

しかし、地元の中学校にはバスケットボールの外部専任コーチがいなかった。そこで父が、自分の母校でもある牟礼中学校への進学を勧めてきたのだ。

正直なところ、そのときの僕は、地元以外の中学校に行くのはあまり気が進まなかった。ミニバスの仲間とバスケを続けたいという思いのほうが強かった。でもいまから振り返ってみると、結果的に、父の提案に従って牟礼中学校に進んだことは正解だったと思う。

牟礼中学校でお世話になった平田コーチは、選手1人ひとりに対し、その将来も含めて大事に考えてくれる方だった。

中学に入って、僕は成長に伴う膝の関節痛に悩まされることになる。そんな中、平田コーチは、身長が急に伸びていくこの時期に、「無理は禁物」という姿勢を貫き、僕に対して、痛さを押してまで、ハードな練習に無理に参加することを許してくれなかったのである。

スポーツをやっているからには試合に出て勝ちたい。これは競技スポーツをしている人なら誰もが思うことだろう。それをわかった上で、選手たちにとって一番大切なのは何なのかをしっかりと考えてくれるコーチだった。

いまでもよく覚えているのは、「おまえは高校で花開けばいいんだ」と言われ続けたことだ。僕自身、ミニバスでは県で優勝したチームの中心選手であり、香川県ナンバーワンプレーヤーと言われたりもしていた。もし勝利至上主義のコーチであれば、目の前の勝ちのために、無理にでも僕を試合で使っていたかもしれない。僕も、多少痛みがあっても、試合に出るのは当然と考えていたし、うまくなるためには練習を続けるしかないと思っていた。だが、平田コーチは「膝が痛いときに無理してはダメだ」と言い続け、長時間の練習をさせてくれなかった。

当時の僕に焦りがなかったと言えば嘘《うそ》になる。成長痛で練習を抑制されている僕を横目に、他の部員たちはプレーのレベルをどんどん上げていく。彼らの姿を見ながら、選手としての自分の立場が低くなっていくのを僕はヒシヒシと肌で感じていた。自分のチームメートだけではない。大会で他校の試合を見ていると、小学生のときには自分のほうがはるかに上手だったのに、自分より高いレベルでプレーしている選手がいくらでも目につくようになっていた。

中学生の大会として大きなものに「ジュニアオールスター」という都道府県対抗で行なわれる試合がある。中学2年生から3年生になるとき、僕はどうにか県の選抜選手に指名された。しかし、最後まで残れるかどうかのギリギリのところをさまよった。最終的に残れたが、試合に出場せずに終わっている。

平田コーチはこのときも「おまえの未来はもっと先にあるはず。だから、いま、その大会に出場できなかったことを悲観する必要はない」と言い続け、焦る僕をなだめてくれた。

思うような練習ができない状況もあり、成績的な観点で見ると、中学校時代の僕は目立った結果を残せていない。レギュラーであり、エースではあったが、あくまでも一中学校の15人ほどの部員の中でのことでしかなかった。

だが、中学時代に無理をしなかったことが、いま現在も好きなだけ練習に打ち込める体でいられる大きな理由となっていることは間違いない。これについては僕だけでなく、いまだに両親も口にするほどだ。

あのとき無理をしていれば、膝が壊れた可能性もある。父のアドバイスに従い、牟礼中学校に行くことになったわけだが、振り返って考えれば、あの中学に行き、無理な練習を強いられなかったのは、自分にとって本当に幸いだったと言える。僕のはやる気持ちを常に抑制してくれた平田コーチにはいまでも感謝している。

いい指導者との巡り合わせは、アスリートにとって将来を大きく左右することだ。僕は中学時代に、身をもってそれを体験したのだった。

このように、僕のバスケットボール人生の中で、中学校時代の自分は停滞期の真《ま》っ只中《ただなか》にいた。バスケットボールは、常にストップ、ダッシュ、ジャンプを繰り返す競技である。当然ながら、練習の中で膝にかかる負担は大きい。

しかし、コーチのアドバイスを受けながら、膝に負担をかけずに、いまできることは何かを考え、その練習を続ける努力は怠らないようにしていた。

たとえば、このころ主に取り組んでいた練習の1つとして、シューティングの強化がある。当時の一般的な考え方としては、シュートを打つ際には、できるだけ高くジャンプし、一番高いところでボールを放つべきといわれていた。しかしジャンプは膝に負担がかかるので、そのころの僕は、速く、正確にシュートを打つことを心がけて練習を続けた。

父から買ってもらった練習用のリングを使い、学校から帰ってきてからも、ひたすらこの練習を繰り返したのだ。

問題はボールが撥ねるときに出る音だった。僕の家は住宅街の一角にある。自宅の庭とはいえ、その音が近所に響き渡ってしまう。毎日長時間にわたってシュート練習を続けていたら、さすがに近所に住む人から苦情が出てしまった。

近所に迷惑をかけるわけにはいかないので、住宅街から少し離れたところにある空き地を探し、所有者にお願いをしてリングを置かせてもらうことにした。その空き地の地面は土だったので、アスファルトに比べて膝に負担もかからない。この場所は自分にとって理想的だった。そこでひたすら僕はシュートの練習を続けていった。

実は最近では、この「速くシュートを放つ」という考え方が主流になりつつある。Bリーグ初の1億円プレーヤーとなった富樫《とがし》勇樹選手は、身長は167センチしかないが、類《たぐい》まれな俊敏性で、自分よりはるかに大きな相手を前に、次々とゴールを決める。

僕の206センチという身長は、NBAでは平均でしかないが、アメリカで、自分よりはるかに高い選手を前にしてもシュートを打てているのは、このときの練習が生きているように思う。

何かしらの障害があって思うようにならないときにでも、必ずやれることはあるものだ。それを見つけ、現時点でできることに集中して取り組んでいれば、それは必ず将来生きてくる。

中学時代に停滞期を経験したのは無駄ではなかった。僕はいまでも「現時点でできることに集中する」という姿勢を大切にしている。

05 名指導者との出会いが人生を変える

これまで僕は、つくづく指導者に恵まれてきたと思う。両親しかり、中学での平田コーチしかり。その中でも、高校時代に尽誠《じんせい》学園で色摩《しかま》拓也《たくや》先生の教えを受けられたことは、本当に大きかったと思う。

中学で成長痛に悩まされ、思うような練習ができなかったため、高校進学に関しては、本当に苦労が多かった。

それまでバスケットボールに打ち込んできたため、高校進学と同時に他のスポーツに転向するという気持ちはまったくなかった。高校進学を前にして、どんな形であれ自分は一生バスケットボールに関わっていくという意志はさらに強固なものになっていた。

僕が希望していたのは、全国優勝できるようなバスケットボール強豪校への進学だった。したがって、県外の高校への進学も選択肢に入れて考えていった。

中学3年生になると、そうした高校のバスケットボール部へコンタクトを取り、「自分のプレーを見てほしい」とお願いし、先方の練習に参加させてもらったりもした。そのプロセスを経て、バスケットボールの推薦枠で入学することを目指していたのだ。

しかし、その中で得られる感触は、決して良いものではなかった。

あるとき、父の運転する車で片道6時間ほどかけて、ある強豪校の練習に参加した。このときは、全国大会で優勝した実績のある選手や、強豪校として知られている中学校の選手たちとともに練習をした。

訪問後、この高校のコーチに改めてコンタクトを取った。すると、「いまのままだと、うちに来てもらうのは無理かな」と告げられた。

その後、全国大会でいつも上位に進んでいるいくつかの強豪校にもアプローチしたが、いずれもことごとく断られた。

こうした返事をもらうのも無理はなかった。中学時代に伸び悩んでいた僕は、全国的な知名度はほぼゼロに近かったのだ。

そんな状況の中、ありがたいことに地元の高校が声を掛けてくれた。それが尽誠学園だった。

当時、尽誠学園は、香川県内では強豪校として知られていたものの、まだ全国レベルで名を知られるような高校ではなかった。僕が入学すると決めた年の冬に、全国大会で初めて1勝したというレベルである。

しかし、尽誠学園には名指導者がいるという噂《うわさ》は以前から耳にしていた。入学前、僕はコーチを務める色摩先生に会いに行き、直接指導してもらう機会を与えられた。その際、噂は本当だとすぐに直感した。

その後、尽誠学園に入り、色摩先生のもとでプレーできたおかげで、僕は大きく成長することになる。

仮にあのとき、早い段階でどこか他の高校が受け入れてくれていたら、僕はその高校に進学していただろう。そうなっていたら、僕は色摩先生と巡り合えなかった。それを思うと、いまでもぞっとすることがある。色摩先生との出会いは、僕にとってそれほど大切なものだった。

少しだけつけ足すと、無残な結果に終わった進学先選びについては後日談がある。

高校2年生のとき、僕は3人制バスケットボールのアンダー17の日本代表に選ばれている。その際の代表コーチが、当初入学したいと考えていた強豪校のコーチだった。

このときの日本代表は、残念ながら1勝もできずに敗退してしまう。しかしながら、僕個人としてはかなり活躍できた大会だった。

その活躍を見た代表コーチは、「自分の高校にこのまま連れて帰りたい」という主旨の発言をしたのだ。さらには「彼を入学させなかったのは最大の失敗だった」と漏らしたという。

尽誠学園に入って以降、僕のバスケットボールの技術は他校のコーチからそう思われるほど高まっていったのだ。


ところで、高校入学を境にして父の厳しい指導はパタリと止まった。

中学校までは父は外部コーチでもあったため、プレーについて指導すべき立場にあった。だが、高校に入って状況は変わった。すでに僕の指導者は色摩先生であり、外部の人間が口出しをしてはいけないという考えだったらしい。

高校からは寮に入ったため、家族とは離ればなれの生活がスタートした。とはいえ同じ香川県内の高校なので、試合があると両親はいつも見に来てくれた。
だが、それまでとは違い、試合後の地獄の〝お説教タイム〟はなくなった。会ったときにする話といえば、相変わらずバスケのことばかりではあったが、このころからは、僕の一番のサポート役に徹してくれた。

中学や高校になると、誰もが反抗期を迎え、親と対立する場面を経験するものだと聞く。だが、僕にはその反抗期がなかった。
いま考えると、反抗期がなかったのは、バスケットボール以外ではとにかく優しい両親だったからかもしれない。子どもと過ごす時間をいつも大切にしてくれて、常に子どもたちに寄り添ってくれた。叱られるのは嫌だったけど、両親からの愛情は感じ取っていたため、両親に反感を覚えたりはしなかったのだろう。

いまでもよく覚えているのは、「将来NBAの選手になりたい」と僕が親に告げたときのことだ。

普通の親なら「そんなの無理だよ」と言って片づけられてしまったかもしれない。

ところが僕の両親は、僕の気持ちを真剣に受け取ってくれた。

ただし困ったのは、僕がぱっとしないプレーをしていると「普通にプレーしていたら、ＮＢＡの選手になんてなれないぞ」と言われるようになったことだろうか。

ただし、それも僕が夢を実現するためのサポートの１つだった。それがわかっていたので、両親に反抗したりはしなかった。

06 自分の現在地を認識する

バスケットボールは、1チーム5人で行なうスポーツであるが、5人それぞれ異なる役割を担っている。一概にはいえないが、オフェンス面でいえば、1番（ポイントガード）は主にボール運びやチームの司令塔としてゲームをコントロールするポジション、2番（シューティングガード）はリングから離れた位置にポジションをとり、主に3ポイントシュートを狙う、5番（センター）は主にリングに近い場所でプレーする、といった具合だ。

チームをつくっていく上で、一般的にはこうしたポジションを身長で決めていくことが多いと思う。

高校1年生の時点で、僕の身長は192センチに達していた。

全国の強豪校には、2メートルを超える留学生を起用しているケースも多いが、日本人としては190センチ台の選手は長身と見られており、実際、尽誠学園の中で僕は一番背が高かった。

となると、普通のコーチであれば、僕を5番のポジションに固定して、チームをつくっていくことになったと思う。このポジションは他の4つのポジションとは違い、リングに背を向けてプレーすることが多い。また試合の中で、ドリブルでボールを運ぶことや、外角からシュートを決めることは、あまり求められない。

しかし、色摩先生は、身長で選手を特定のポジションに固定するような指導をしていなかった。僕も他のチームメートと同様、ドリブルや外からのシュートの練習をしていた。

こうした指導をしてもらえたのは、将来NBAプレーヤーになりたいという僕の夢を、色摩先生が真剣に受け止めてくれていたからだと思う。アメリカでは僕の身長は決して高いとは言えない。そのアメリカで通用する選手になるためにはいま何をすべきかを考えてくれていたのだろう。

もし高校時代、5番のポジションに専念していても、日本の高校の大会では十分に活躍できていただろう。しかし、そのためにドリブルやシュートのスキルを磨く機会を逸していたならば、その後アメリカでプレーする場を得ることは難しくなっていたに違いない。

高校に入り、膝の痛みからも解放され、色摩先生の指導を忠実に実践していった結果、試合でのスタッツ（成績）も順調に伸びていった。

1年生のときからレギュラーとして試合に出させてもらっていたが、全国ともなると、優れた選手たちはあちこちに存在する。当初は、そういう相手と[*3]マッチアップすると、まだまだ自分の技術が通用しない状況にぶち当たった。

「上には上がいる」

そう痛感することも多かった。その一方で、このまま色摩先生のもとで練習を続けていけば、必ず自分もそのレベルに到達できるという自信もあった。

スタッツが上向いたのは、自分が理想としている体の動きが実際にコート上で表現できるようになってきたからだ。2年生の夏ごろになると、自分が日々練習しているプレーが実際に試合でもうまい具合に決まるようになっていく。

誰でもそうだと思うが、自分が描いたイメージが実際に達成されていく瞬間は実に気分がいい。バスケットボールをしているときは常に楽しいのだが、1年生の終わりから2年生の冬の時期は特に成長を感じ、いつにも増して楽しい時期だった。

自分の成長だけでなく、チームとしての成績も上がっていく。2年生のときのウインターカップ[*4]で準優勝、3年時も同じく準優勝することができた。

いつしか僕は、全国的にも注目される選手となり、2年生のときには、当時としては史上最年少で日本代表に選ばれるまでになっていた。

とはいえ、日本代表の練習に参加してみると、当然ながら体力的にも技術的にも、ほとんど通用しない。

「上には上がいる」

そのことをまたもや痛感させられる。

目標はNBAプレーヤーになることである。そうであれば、まだまだ練習を続けていくしかない。

高校時代は、自分の成長を実感することも多かったが、一方で自分の目標とする地点がどれだけ遠いところにあるのかを認識していった時期かもしれない。

少し話が逸《そ》れるが、僕が日本代表チームに選考されたころから、僕が意図していないところで、チームメートたちの僕への接し方が変わってきたと感じるようになった。自分としては以前と変わらずに接しているつもりなのだが、チームメートが僕に意見を言うのを遠慮しているように見えたのだ。会話の場面だけでなく、練習中でもチームメートが僕とプレーしづらそうにしている。

こうした事態は一刻も早く打開したかった。そこで僕は、チームメートに向かって変な気を使わないでほしいと伝えた。

「僕が間違った言動をしたら、率直に言ってほしい。バスケットボールの面でも、本来すべきではないプレーをし始めたら、そこはビシッと指摘してくれ」

ありがたいことに、そう伝えてからは皆あまり気を使わなくなった。

高校生は多感な年ごろだし、僕もちやほやされると調子に乗ったり、天狗《てんぐ》になってしまったときもあったと思う。しかしそのときは、先生やチームメートが僕を正してくれた。そのおかげで、いつまでも調子に乗ることはなかったし、チームが設定している目標と自分が目指している目標にズレが生じ、溝ができるような状況に陥るのも避けられた。

そもそもNBAプレーヤーを目指している以上、こんなところで調子に乗ったり、天狗になったりしている場合ではない。次のステップに向けて、日々練習を続けていくしかなかった。

＊3　オフェンス1人に対しディフェンス1人が1対1で相対すること。

＊4　正式名称は「全国高等学校バスケットボール選手権大会」。毎年12月に開催される。

07 チームメートとの関係を大切にする

チームスポーツであるバスケットボールの試合で勝つには、チームワークが不可欠だ。それだけに、チームメートとの関係は大切にする必要がある。コートから離れてからも、バスケットボールを通して築かれた友情はいつまでも続く。この関係は自分の人生にとってかけがえのないものとなっていく。

高校時代の僕のチームメートに楠元龍水《くすもとりゅうすい》という同級生がいた。彼はいまも僕に影響を与えてくれる友人だ。僕と同い年でありながら、彼はいま、高校バスケの強豪校である宮崎県の延岡《のべおか》学園高校でヘッドコーチを務めている。

楠元は全国大会で準優勝を果たした中学校の出身である。その後、高校でもバスケットボールを続けようと思った彼は、鹿児島から尽誠学園にやってきた。

包み隠さずに言うと、プレーヤーとしての実力という側面からだけ見れば、高校時代、僕に対する評価は彼のそれよりも高かった。

事実、全国大会での準優勝を経験した楠元だが、尽誠学園に入って1年、2年のときはほとんど試合に出ていない。3年生になってからも、なかなかチャンスをつかめなかった。だが努力という面では、彼の右に出るチームメートはいなかった。常に全力で練習に臨み、誰よりも声を出していたのだ。

他のチームメートが僕から少し距離を置くようになっても、彼はいつもアドバイスを送り続けてくれた。僕が間違った行動をしたとき、「雄太、それはちょっと違うんじゃないか」と言ってくれたのは彼だった。

彼の姿勢を近くで見ながら、学ばなければと思うことは多かった。

大学を卒業すると、楠元は延岡学園が運営する尚学館《しょうがっかん》中学校でバスケットボールのコーチに就任した。その後、2018年の夏に延岡のヘッドコーチに就任することが急遽《きゅうきょ》決まる。

24歳で延岡学園高校バスケットボール部のヘッドコーチになるのは、相当な信頼がないと実現するものではない。

この例を見ても、彼がどれだけ頼れる人物であるかがわかる。そもそも中学校のバスケットボールコーチから高校のコーチになるのは異例中の異例だ。

延岡学園は、僕たちが2年生と3年生のときのウインターカップ決勝で負けた相手だった。尽誠学園でチームメートだった楠元が、当時の対戦相手だったチームのヘッドコーチを務めている。それを考えると、奇妙な感覚を抱いてしまう。

実はNBAに行ってからも、プレーに関して行き詰まると僕は楠元に相談に乗ってもらうことがある。高校時代と同様、的確なアドバイスを投げ返してくれるので、彼には助けられている。延岡学園のヘッドコーチになってからは、指導に関して苦労することもあるようで、彼から相談を受けたりもする。

あるとき、思うようなプレーができずに自信を失いかけていたときがあった。そんな状態が何試合か続き、弱気になりかけていた僕は、楠元にメールを送った。

「いつもと比べて、ちょっと自信がなくなってきてるんだよなぁ……」

そう伝えると、こちらの気持ちを見透かしたようにすぐに返事が来た。

「練習して克服するしかないでしょ。それはおまえが一番わかっているだろ。そうやっていままで登り詰めてきたんだから。いまさら弱気になっても仕方がない。これまで自分がやってきたとおりのことをすれば、まったく問題はないよ」

確かこんな内容だった。それを読んで僕は、「あいつ、やっぱりよくわかっているな」と思い、うなってしまった。

答えは自分でもわかってはいた。それを楠元がストレートな言葉にしてくれたのだ。だが、その答えを自分の中で反芻《はんすう》するのと、彼が発する言葉として聞き入れるのとでは響き方が違う。実際、彼からメッセージを受けて、僕の心は一気に落ち着きを取り戻したのだった。

僕と楠元はお互いの立場や直面している問題は異なるが、それぞれ悩みを抱えるときがあり、その際には相談し合える関係を維持できている。悩みの種類は違えども、彼も壁にぶつかり、悩むのだと知って、安心したりもする。

こういう仲間がいると何かと心強い。友の存在はありがたいものだとつくづく思う。かけがえのない友人がいるだけで人生は大きく変わる。そんな友人をつくれたことも、バスケットボールが僕に与えてくれた恩恵の1つと言っていい。

08 「好き」が情熱を継続させる

いつかの日かNBAでプレーしたいと思ったのは、確か小学2年生か3年生のときだった。そのころ、僕の家では家族でよくNBAの試合をテレビ観戦していた。当時はBS放送で頻繁にNBAの試合が放送されていたのだ。

いまでもよく覚えているのは、初めてロサンゼルス・レイカーズの試合を見たときのことだ。

「こんなにすごいバスケットボールの世界があるのか!」

幼い僕にとって、その光景はあまりにも衝撃的だった。

画面の向こう側では、こちらがワクワクするようなプレーが繰り広げられていた。

僕はそうしたプレーのとりこになってしまったのだ。

プレーの技術もすごかったが、それに加えて選手1人ひとりに華があった。

体の大きな黒人や白人選手たちがコート上を走り回り、いとも簡単に豪快なダンクシュート、華麗な3ポイントシュートを決めていく。試合全体がとにかく楽しく、観客の盛り上がりもすごかった。これまで見てきた自分の周りにあるバスケットボールとはまったく違うスタイルのバスケットボールが、そこには映し出されていた。

すでにバスケットボールをプレーする喜びや楽しさは体験していた。しかしこの日見るバスケットボールも、こんなに楽しいのかと思い知らされた。

子どもというのは、何かを見てカッコいいと感じたら、すぐに憧れてやってみたいと思うものだ。僕にとって、その「何か」がNBAのバスケットボールだった。

それにしても、子どもの感受性を蔑《ないがし》ろにしてはいけないとつくづく思う。幼いころに受けた衝撃や感動が、大人になっても自分を奮起させるための源泉になるのだ。

そうした「何か」に巡り合えず、大人になってしまう人もいるかもしれない。ありがたいことに僕は、NBAに心底から感動し、それに対する憧れを持ち続けられた。

当時、「将来はNBAの選手になりたい」と夢を語っていた小学生は僕の周りにも結構いた。NBAのバスケットボールにはそれほどの影響力があった。

あのころ、僕が好きだった選手は、レイカーズのコービー・ブライアントだ。同じくレイカーズのシャキール・オニールも好きだった。ダラス・マーベリックスに所属していたドイツ出身のダーク・ノビツキーもお気に入りだった。彼は213センチとNBAの中でも長身でありながら、リングに近いエリアでのプレーだけでなく、3ポイントシュートも得意としていて、ポジションに縛られない巧みなプレーをよく展開していた。

いつかは彼らと同じコートに立ってプレーしてみたい……。

小学生のときに抱いた夢は、中学生、高校生になっても変わることはなかった。僕はその夢を胸の中で温め続け、日々の練習に励んでいった。

バスケットボールへの情熱が継続したのは、「好き」という気持ちがあったからに他ならない。何かを継続するには、自発的な気持ちがないと、いつか必ず行き止まってしまう。我慢しながらどうにか続けるというケースもあるかもしれないが、その場合、情熱はかなり冷めているはずだ。

情熱を失わずに何かを続けるには、それをするのが苦ではないものを見つけるのが一番だ。

練習熱心な僕を見た人は、「努力してるね」と言ったりする。だけど僕は、努力していると思ったことは一度もない。

バスケットボールがとにかく好きで、さらにうまくなりたいから、どれだけ長い時間でも練習ができるのだ。シューティングの練習でも、それが楽しくて毎日飽きずにやっている。周りから見たら「努力している」と映るかもしれないが、僕は単に好きなことをしているだけだ。

そして練習をして結果が出ると、もっと練習すればさらにいい結果が出せるかもしれないと思うようになる。それでまた練習に打ち込むのだ。

大切なのは、情熱を注げる対象を見つけること。これに尽きる。

バスケットボールで努力をしてきた感覚がない僕も、実は正真正銘の「努力」をした経験がある。何かと言うと、勉強だ。次のチャプターで詳しく述べるが、アメリカの大学に入学後、勉強の面では本当に苦労した。

尽誠学園を卒業し、英語がほとんどしゃべれない状態で僕はアメリカに渡った。

プレップスクール[*5]を経て大学に入ると、本格的な試練が待っていた。英語で行なわれる授業についていくために、努力、努力の毎日が始まったのだ。

アメリカには「スチューデント・アスリート」という言葉がある。日本語にすると学生選手というニュアンスになるだろうか。この言葉の肝は、「スチューデント」という単語がアスリートの先に来ている点だ。

つまり、トップアスリートであっても、大学ではスチューデントという立場が優先されるのだ。したがって、スポーツでいくら秀でていても、本分は勉学に置かれる。

正直、僕はあまり勉強が好きではない。そのため努力なしでは机の前に座っていられなかった。バスケットボールの練習なら、5時間でも6時間でもできるのに、勉強となるとたったの2時間でも永遠に続く時間に感じられるのだ。

そんな僕でも、テスト前になると1日5時間以上勉強した。いま振り返ると、あれはまさしく努力だったと思う。

どうしてあんなに勉強ができたのだろうか。その答えは、「罰」があったからだ。

学業で一定の成績を収めなければ、バスケットボールの練習にすら参加させてもらえない。成績が悪い状況が続けば大学にいることすらできなくなる。そうした罰があったため、嫌でも机に向かって勉強した。

ただし、勉強に対する情熱は薄かったと思う。バスケットボールがなかったら、果たして僕はアメリカの大学を卒業できただろうか。胸を張って「できた！」と答える自信はない。

バスケットボールとなれば、あれだけ走れて、あれだけ長時間体を動かしていても平気なのに、勉強だとすぐにしんどくなってしまう自分……。この差はやはり、「好きか」「好きじゃないか」から生じている。

バスケットボールが好きじゃない人にしてみれば、毎日課されるシュートの練習は苦痛でしかないだろう。好きだからこそ、毎日飽きずにできるのだ。

好きなものを見つけるには、それをしていて楽しいかどうかを最優先の判断基準とするといい。楽しくて、いつまで続けていても飽きないものを見つけられたら、努力とは無縁の世界に入り込むことができるだろう。

＊5　大学進学のための準備教育を行なう私立学校。

OPEN
Trattoria
Trattoria
A5

"Liking" yields power.

STEP 2

現在地の見極め方

09 大切なのは「覚悟」と「決意」

小学1年生のときからスタートした僕のバスケットボール人生で、いろいろと悩み、考え込むことはしばしばあった。中でも一番悩んだのは、高校卒業後、渡米をするかどうかの判断だった。これについては、当時、いくら考えても答えがなかなか見つからなかった。

大学に進学し、バスケットボールを続けるのが僕の希望だった。問題は「どこの大学で」ということだった。日本の大学に行くべきか、それともアメリカの大学に進むべきか。この2つの選択肢の間を僕は行ったり来たりしていた。

進路について悩み始めたのは、高校2年生の終わりごろだった。それまではアメリカの大学に行くことなどまったく考えていなかった。

ところが、ウインターカップで準優勝し、いろいろな人が僕のプレーを評価してくれるようになると、「アメリカでもやっていけるのではないか」という声が周囲から出てきたのだ。

それを聞いた僕は、「アメリカでチャレンジできるなら、ぜひしてみたい」と思うようになる。ただし、そんなに早くアメリカが見えてくるとは思っていなかったので、具体的に何をすればいいのかまったくわからなかった。

いざ「アメリカに行きたい」という希望を表明すると、今度は否定的な意見が噴出した。

「いまさら行ってももう遅い」

「英語がしゃべれないのに、アメリカでどうやって生活するんだ？」

どこからともなくネガティブな声が聞こえてきた。

思い返せば、ネガティブな意見を言う人は、僕のことをあまり知らない人か、実際にアメリカに行ってプレーした経験のない人たちばかりだったような気がする。

自分が人とは何か違うことをやろうとするとき、否定的な意見を言う人は必ず出てくるものだ。

そんなときに大切なのは、自分の気持ちに素直に耳を傾ける姿勢だと思う。意見を言う人たちは、無責任な発言をしているだけかもしれない。そうした声に惑わされて判断を誤るのは得策ではない。自分の意見を持ち、さらに自分が信頼している人たちの意見を聞いていれば、その他の声に耳を傾ける必要はない。

第一に、僕にはNBAでプレーするという夢があった。その夢の実現にチャレンジして、ダメだったら納得できる。しかし、それをせずに無難な道を選んだ結果、当初の夢が叶《かな》わず後悔することだけは避けたかった。

アメリカに行ってNBAでプレーできなかったら、「失敗だった」と言う人がいるかもしれない。日本に帰ってきたら、「負けて帰ってきた」と言う人もいるだろう。だが、それは間違っている。アメリカでの「挑戦」を決めた時点で、その決断を評価すべきだと僕は思う。仮にNBAに上がれなくてもいい。挑戦しただけで成功であり、やらなかったことが失敗なのだ。アメリカに行って思い切って挑戦し、それでダメなら諦めもつく。そんなことも考えたりした。

反対意見がある一方で、NBAデビューを果たせずとも実際にアメリカに渡り、現地でのプレーを経験した人たちの意見に耳を傾けると、否定的な意見を言う人は1人もおらず、誰もがアメリカ行きに肯定的だった。

NBAのプレーヤーたちのほとんどが、幼いころからレベルの高いアメリカのバスケットボール環境で育ち、プレーをしている。翻って僕は、バスケットボールに関してはアメリカよりも遅れている日本で育ってきた。渡米が遅くなればなるほど、彼らとの差は開くばかりだとアドバイスしてくれる人もいた。

様々な意見を耳にしながら、将来的にNBAを目指すのであれば、やはり大学からアメリカでプレーしたほうがいいと僕は考えるようになった。色摩先生や両親、チームメートたちもアメリカ行きを応援してくれていた。

こうなれば、アメリカに行くしかない。

当初は悩んだが、最終的にアメリカの大学に進む道を選んだのだった。

僕が決断するまでの間、両親はアメリカの大学に進学するメリットとデメリット、日本の大学に進学するメリットとデメリットを調べていた。それらを伝えてくれた上で、「自分の人生なのでやりたいようにやりなさい」と言ってくれた。最終的に僕が渡米を決めたときは、嬉《うれ》しかったそうだ。

では、立場が変わり、僕がいま誰かからアメリカ行きについて相談されたらどう答えるだろうか。僕からのアドバイスは、

「覚悟と決意があるなら、絶対に行ったほうがいい」

というものだ。

この場合、その人に実力があるかないかは二の次だ。「覚悟」と「決意」が重要で、それがあるのなら絶対に行ったほうがいい。

アメリカ行きを決めたあと、知り合いを介して父はNBAのフェニックス・サンズでプレーしたことのある田臥《たぶせ》勇太さん（宇都宮ブレックス）に連絡を取り、アドバイスをもらおうとしていた。

田臥さんは、日本人初のNBAプレーヤーであり、道を切り拓《ひら》いてくれた人だ。小学生のとき、フェニックス・サンズでプレーする田臥さんを興奮しながらテレビに食い入るようにして見たのを覚えている。

前例のないゼロの状態から何かを達成するのと、僕のようにすでに道があるところ

を進んでいくのでは難しさは大きく変わる。ゼロを1にした人は偉大だ。田臥さんはバスケットボールをする日本人にとって憧れの存在だった。

田臥さんが父に伝えた内容は、経験者ならではの率直なものだった。

「アメリカに行く決断は間違ってないです。絶対に行ったほうがいいです」

これが田臥さんからのアドバイスだった。

そのアドバイスを父から間接的に聞いて、僕は自分の決断が正しかったという確信を得た。これ以降、周りからの否定的な意見はまったく気にならなくなった。

その後、田臥さんとは僕が大学2年生のとき、リオデジャネイロ・オリンピック世界最終予選の代表チームでチームメートになり、その後も親しくさせていただいているので、NBAデビューを果たしたときには「デビューおめでとう」というメッセージをいただいた。また、Bリーグ開幕1年目に栃木（現宇都宮ブレックス）がリーグ優勝をした際には、こちらから「優勝おめでとうございます」というお祝いの言葉を送らせてもらったりしている。

あのときにもらった田臥さんからのアドバイスは、僕のアメリカ行きに勢いをつけてくれる貴重なものだった。

10 苦手から逃げない

アメリカの大学に行くと決めたはいいが、それからがまた大変だった。

まず、アメリカのどの大学に行けばいいのか、情報がなかなか手に入らなかった。勉強しに行くのなら、ハーバードやプリンストン、イェールといった名門大学の名前が浮かぶかもしれない。ところがバスケットボールとなると、詳細がわからなかったのだ。英語ができればネット検索も可能だが、それができないのでお手上げだった。

そこでまずは両親の知り合いの助けを借りて、情報集めから始めた。その結果、いきなり大学に入学するのではなく、プレップスクールに入学する方法が浮上してきた。

プレップスクールというのは、基本的には大学に入学するための準備校だ。名門大学へ入学するために勉強する人もいれば、スポーツ推薦で大学に行くために、オファーが来るまでそこで準備する人もいた。

僕が入学を決めたのは、東部コネチカット州にあるセント・トーマス・モア・スクールだった。このスクールのバスケットボール部には、自分のチームの選手を名門大学へ次々と送り込むことで知られるジェレ・クインというヘッドコーチがいた。その情報を聞いた僕は、このコーチの下でプレーしたいと考えた。

入学とバスケットボール部への入部の申し込みを行なうと、しばらくして「許可する」との連絡が届いた。出発準備は着々と進んでいった。

英語の勉強は、2年生の冬にウインターカップが終わり、アメリカに行くと決めてから始めていた。ただし、バスケットボールが忙しく、英単語を覚えるなどの勉強しかできなかった。本格的に英語を勉強したのは、実質プレップスクールに入ってからだった。つまり、ほぼ英語力ゼロの状態でアメリカに渡ったのだ。

外国体験と言えば、アンダー17のアジア大会に出場した際に、一度フィリピンに行っただけ。アメリカは初めてだった。

そしていよいよ出発の日がやってきた。まずは飛行機でニューヨークのジョン・F・ケネディ国際空港を目指した。空港では、予約していた送迎サービスのドライバーが待っていた。プレップスクールは、そこから車で3時間くらい離れたところにある。

プレップスクールに到着後、僕はすぐに学校の寮に入った。ここまではさほど英語を使うことなく、どうにかやり過ごせた。だが、いざ学校生活が始まってみると、どうしてこんなにできないのかと思うくらい、僕の英語は貧弱だった。しゃべれないし、相手が何を言っているのかもわからない。最初は本当に苦労した。かといって、渡米は自分で決めた道であり、弱音を吐いているわけにはいかない。まずは言葉ができるようになる必要があった。そこで最初は、英語の勉強に力を入れた。

セント・トーマス・モア・スクールのバスケットボール部には10人ちょっとのメンバーがいた。彼らはとても親切であるのと同時に、最良の英語の先生だった。プレップスクールには数人の日本人学生もいて、彼らとはすぐに仲良くなったが、日本語ばかりしゃべっていたらいつまで経《た》っても英語が上達しないと思い、なるべくチームメートたちと時間を過ごすように心がけた。

最初のうちは相手が何を言っているのかわからなかった。当然、自分が言いたいことも伝えられない。それでもめげずに、自分の意見を言いたいときはたどたどしい英語で話そうと頑張った。

だが、心が折れそうなときが何度もあった。クラスメートに話しかけられて、それに答えようと英単語を頭の中で必死に組み立てる。すると、相手がしびれを切らして「Oh, never mind.（あー、もういいや）」と言われてしまうのだ。

最初はフレンドリーに接してくれるのだが、こちらがすぐに反応できないと「この人、英語がわからないんだ。話しかけて失敗した」という顔をされる。これはさすがにつらかった。自分から話しかけても、発音も悪いし、ボキャブラリーも限られている。そのせいでなかなか言いたいことが伝わらない。すると今度は「何言ってるのかわからないよ」という素振りをされるのだ。

救いだったのは、チームメートたちがそんな僕にも親身に接してくれたことだ。彼らはいつでも仲間意識を持ってくれ、根気強くつき合ってくれた。彼らは僕の言うことを理解しようと努め、さらにはこちらが彼らの英語を理解するまで繰り返し説明するのを厭《いと》わなかった。僕の英語を修正して、「こういうことが言いたいのか？」と聞き返してくる。これをしてもらっているうちに、「なるほど、これを言いたいときは、こういうフレーズで表現すればいいのか」と勉強になることばかりだった。ここでも、僕は仲間に恵まれたのである。

僕の英語学習法

英語がなかなかできなかったのは、頭の中でいちいち日本語から英語に訳してから話そうとしていたからだ。このプロセスを通すと、会話のタイミングがずれて自然には話せない。これをしてしまうのは何も日本人だけではないらしく、他の留学生たちも同じだった。

こうした事情をよく理解しているプレップスクールの英語の先生は「外国語を話すときに一番やってはいけないのは、頭の中で訳すことだ」といつも留学生にアドバイスしていた。

「英語で考えて、英語で発信する」

これが上達のコツなのだ。

そこを意識して、僕は普段から可能な限り英語で考えるようにした。

11

日常会話でも英語のフレーズを常に口にして、徐々に英語を体得していった。

チームメートとの会話で最初に覚えたのは、若いだけあってスラング（俗語）が多かった。

実際にアメリカに来てみると、様々なケースでスラングが使われているのには本当に驚いた。たとえば、ヘマをして失敗してしまったときなどは、下品な言葉で「やっちまった！」と言ったりする。ただ、そのスラングは、言葉の品としては最低の部類に入るので、積極的に覚える必要はない。しかし実際にアメリカに来てみると、非常によく使われているのがわかる。

もう1つ早い段階で学んだのが、挨拶《あいさつ》の仕方だった。

アメリカ生活が始まった直後、僕は中学校の英語の授業で習ったとおりの挨拶をしていた。先生たちに「How are you?」と聞かれれば、「I'm fine, thank you. And you?」と返していた。これが日本で習った挨拶の仕方だった。

その後、バスケットボール部のチームメートとつき合うようになると、最初に挨拶の仕方を直された。

「雄太、いいか。あの挨拶だけは絶対にやめておいたほうがいい」

こんなふうに全否定されてしまった。

「How are you?」と聞かれたら、「Good. You?」だけにしろと言う。

「こっちのほうがクールだろ。『I'm fine, thank you. And you?』だけはダサいからやめておけ」

再度、念を押されるほどだった。

そもそも若い人たちは「How are you?」という挨拶はせず、「Hello.」とすら言わない。彼らは皆、「What's up?」とか「What's good?」「How's it going?」などのフレーズで挨拶を交わすのだ。

そんな挨拶を一度も耳にしたことのない僕は、いったい何を言われているのかわからず、最初のころはきょとんとするばかりだった。当然、答え方もわからなかったので、チームメートたちのやり取りを見ながら少しずつ意味や答え方を覚えていった。

言葉について言うと、日常生活でまったく困らなくなるまでに2年くらいはかかった気がする。インタビューなどのフォーマルな場所で英語をしゃべらなくてはならないときは、いまでも緊張することが多い。

アメリカの場合、フォーマルなときとそうでないときのけじめのつけ方が日本以上にはっきりしている。

NBAの場合、選手が公の場でスラングを含めた罵《のの》り言葉（swear word）を使ったら、数百万円単位の罰金を科される決まりがある。それほど公・私の線引きが厳格なのだ。

面白いのは、何十億円も稼いでいる選手は、罰金などお構いなしに好きなように罵り言葉を使いまくっている点だ。彼らは罰金が数千万円になっても気にしない。ちなみに僕は、いつも気をつけて答えているので、これまで一度たりとも公の場で罵り言葉を口にしたことはない。

言葉以外で慣れる必要があったのは、握手の仕方だった。特にアスリート同士となると、普通に手を差し伸べて握手をするのは稀《まれ》なのだ。

基本としては、お互いの手のひらを2度ほど擦《こす》りつけ合うように接触させてから、指相撲をするときのように手を握り合い、お互いの体を引っ張り合ったり、もしくは腕相撲をするときのような握り方にサッとスライドさせたりするパターンがある。

これについてはアメリカに行く前から、アメリカ人は普通の握手はしないという情報を仕入れていた。

アメリカに着いてからチームメートに手を出されたときは、「来たぞ」と気持ちを整え、日本で練習したとおりに握手をした。すると予想以上にスムーズにできたので、準備しておいてよかったと胸をなでおろした。

ハグも日本にはない習慣だ。これをするのはなかなか慣れず、かなりの抵抗があった。男同士ならいいが、女性が相手だとハグするのが恥ずかしかった。だが、これもいつの間にか慣れてきて、いまではハグするのに抵抗は感じない。

慣れないことの連続だったが、ホームシックになることはほとんどなかった。これはやはりバスケットボールがあったからだろう。普段の生活では困ることが多いのに、バスケットボールのコートにいるとそれがほとんどなかったのだ。

もともとバスケットボールはアメリカから日本に伝わったスポーツだ。そのため、バスケットボール用語のほとんどは英語で、日本にいたときもそれを使っていた。結果、コート上で交わされる英語は、100%と言わないまでもほとんど理解できた。

これには本当に助けられた。コートの上だと僕はさほど不自由を感じないでコミュニケーションが取れたのだ。バスケットボールがあったからこそ、チームメートともすぐに打ち解けられたし、打ち込むものがあったからホームシックにならずに済んだと言える。

12 理想の環境は、選手とコーチが気軽に話ができること

プレップスクールには9月に入学し、翌年5月まで在籍した。その間に、クインヘッドコーチに手助けをしてもらい、大学入学への準備を進めた。

一概に大学といっても、数え切れないほどあるが、NBAまでの道のりを考えた場合、どうしてもNCAA（全米大学体育協会）のディビジョン1に所属している大学に進みたいと考えていた。

アメリカの大学バスケットボール界では、3月中旬から4月初旬にかけて全米ナンバーワンを決めるNCAAトーナメントが行なわれる。この大会は通称「マーチ・マッドネス」と呼ばれ、NBAと同等、もしくはそれ以上の人気を集める。当然、NBA関係者も注目しており、ここで活躍することは、NBAプレーヤーへの道につながる。ディビジョンは1から3まであるが、この大会に参加する資格があるのは、

ディビジョン1に所属している大学だけである。

だが、このディビジョン1に所属する大学だけでも約350校もある。それらが32のカンファレンスに分かれレギュラーシーズンを戦い、そのうちの上位68校がNCAAトーナメントに進めるのだが、僕はコーチに、このトーナメントに進める可能性が十分にあるところで、しかも1年生から試合に出してもらえそうな大学に進学したいと伝えた。

毎年このトーナメント上位に進む名門大学というのもいくつもあるが、そうした大学はあえて選択肢から外した。こうした大学に進んだ場合、この時点での自分の実力を冷静に鑑《かんが》みると、なかなか試合で使ってもらえない可能性が高いと考えたのだ。

こうして選択肢を絞っていった結果、最終的に進学先をディビジョン1のアトランティック10カンファレンス[*6]に所属するジョージ・ワシントン大学に決める。

事前にいくつかの大学に足を運び、見学したのだが、ジョージ・ワシントン大学には留学生も多く、日本人の僕にも居心地がいい環境に思えた。この大学のあるワシントンDCはアメリカの首都でもあり、様々な人種、国籍の人が生活している国際都市だ。ここなら自分でも溶け込めそうだと感じた。

そして決め手となったのは、コーチや選手たちに会ってみて非常に親しみやすい印象を受けたことに加え、何よりこの大学のプレースタイルが自分に合っていると思えた点である。

アメリカ人のコーチは、これまで指導を受けてきた日本人コーチとは雰囲気がだいぶ違った。どちらが良いとか、悪いということではない。アメリカ人のコーチは、選手とのコミュニケーションの取り方が日本人のコーチと大きく異なっていたのだ。

僕が感じているアメリカの指導者の印象は、選手との接し方が、オンとオフではっきり異なっていることだ。たとえばコートに立つと、指導者は司令官という立場を明確にし、自らの権力を最大限行使する。ところがコートから一歩離れると、試合では鬼コーチのような人物が別人のように豹変《ひょうへん》し、友だちのようにフランクに接してくるのだ。

アメリカのスタイルだと、僕たち選手はコーチと気軽に話ができる。コーチから選手への一方通行の伝達ばかりではなく、選手側からも自分の意見をしっかりと発信できるのは素晴らしい。僕はこのスタイルが結構気に入っている。

一方、日本だと、指導者と選手の間にはどんなときでも一定の距離があり、師弟関係を崩すのはなかなか難しいように感じる。いまはずいぶんと変わってきているようだが、日本の大学のバスケットボールにおいて、コーチはまだまだ怖い存在として見られているのではないか。断片的に話を聞く限り、そういう傾向があるようだ。

アメリカの場合、コーチであっても上から目線で選手に言いつけたりはしない。選手の目線に立って話しかける人が多いのだ。人によって好みはあるのかもしれないが、バスケットボールのことがある程度わかってきた大学生プレーヤーには、アメリカのスタイルのほうがやりやすいのではないかと感じる。

コミュニケーションというのは、ときに難しいものだ。わきまえないとなれ合いになったりする危険もある。

そのあたりのバランスの取り方がアメリカ人は実に上手だ。締めるところは締めるし、緩めるところは緩める。けじめのつけ方がうまいなと、僕はいつも感心している。

＊6　ニューヨーク州、マサチューセッツ州、ノースカロライナ州など、主にアメリカ東部に位置する大学が所属する。

13 「スランプ」は言い訳でしかない

2014年9月、僕はジョージ・ワシントン大学に入学した。

晴れて入学したのは良かったものの、そこからがまた苦労の連続だった。

アメリカの大学では、バスケットボール部の選手だからといって成績評価を甘くしてくれたりはしない。したがってバスケットボールの練習をしつつ、一般の学生たちと同様に勉学に勤《いそ》しむ必要があったのだ。

高校時代、僕は特段勉強ができる生徒ではなかった。バスケットボールに割く時間のほうが圧倒的に長く、勉強は後回しにしていた。

そんな自分が猛勉強を強いられるアメリカの大学に進学したのだから、高校時代の僕を知る人の中には驚いた人もいると思う。

入学後、さっそくバスケットボールと学業の両立生活がスタートした。試合がある日は公欠扱いとなり、欠席とはならなかった。ただし、アウェイで試合をし、仮に大学への帰着が午前3時だったとしても、その日の朝から授業には出席しなくてはならない。体力的につらかったが、休まず授業に出席した。

アメリカの大学で苦労した課題の1つが、タームペーパーと呼ばれる学期ごとのレポートの作成だ。科目に沿ったテーマを自分で決め、それについて調べてまとめなくてはならない。これが実に大変だった。

シーズン真《ま》っ只中《ただなか》で忙しいからと言って、特別に締め切りを延ばしてくれることはない。事情を理解してくれる教授に限り、前もって相談に行き、「この先、このようなスケジュールになっているので3日だけ猶予をもらえませんか?」などと説明し、何とか融通をつけてもらうこともあった。

アメリカの大学では、各教科に対するA、B、C、Dという成績を上から4、3、2、1点とポイント化するのが通例になっている。ジョージ・ワシントン大学では、全教科の平均点が2.0を下回ると、バスケットボールができなくなる決まりだった。さほど厳しいわけではないが、油断すると下回ってしまうので気は抜けなかった。

C（2ポイント）以上をもらうには、テストやレポートで常に70点以上の評価を取らなくてはならない。その他、欠席が多ければ減点され、逆に授業での発言が多ければ、加点されたりする。これらをひっくるめて総合で70点以上を取らないとC以上をもらうことができない。日々、教科書を読み込んでから授業に臨み、中間テスト、期末テストも受ける。さらに学期の終盤に向けてレポートを仕上げなくてはならない。これらすべてをこなした上で、無事バスケットボールができるのだ。

救いとなったのは、チューター（学業面での個人指導のインストラクター）の存在だった。僕についてくれたチューターがよく勉強を教えてくれたので、どうにか成績を維持することができた。

すべてはバスケットボールのため。自分でも大学4年間はよくやったなと思う。

バスケットボールの話もしよう。

アメリカでは無名だった僕だが、ありがたいことに1年生のときからたくさん試合に出させてもらった。試合に出ているうちに、「ジョージ・ワシントン大学にいい1年生がいる」という噂《うわさ》が広まり、少しずつ周りに知られる存在になっていった。

この年を総括すると、1年目ながらいい形で終えられたと言っていい。その結果起きたのは、周囲からの期待の高まりだった。

「雄太は1年生であれだけできたんだから、2年生になったらもっと飛躍するだろう」

こんな声がささやかれるようになった。だが2年目を迎えた僕は、周囲の期待どおりに飛躍できなかった。

「ソフモアスランプ」[*7]という言葉がある。僕はこの言葉が好きではない。スランプというのは言い訳でしかなく、本当のところは自分の実力がないだけと考えているからだ。

自分自身も、実は2年生になったらもっとできると思っていた。実際、1年生のときと比べて何かが大きく変わった気はしなかった。得点力についても1年生のときと同じペースで成長しているという実感があった。

ところが、その流れが一気に変わる。周りからも「雄太はあまり成長できていないね」との声が上がり始めるのだった……。

＊7　日本でいうところの「2年目のジンクス」。1年目に活躍した選手が、2年目に伸び悩むこと。

14 他人と比べない

調子の悪さがくっきりと露呈したのは、2年生時の冬の試合だった。ペンシルベニア州ピッツバーグにあるデュケイン大学と対戦した際、アメリカに来てから初めて1点も取れなかったのだ。

デュケイン大学に対して、ジョージ・ワシントン大学は格上の存在だった。事実、その試合は40点差をつけて快勝している。

チームは絶好調で、僕以外の選手のシュートはよく決まっていた。そんな状況の中、自分だけがまったくリズムに乗れず、1本もシュートが決まらないまま試合が終わってしまったのだ。

打っても、打っても入らない。打つというより、打たされているという感じだった。

実は、調子が落ちているなという気はしていた。デュケイン大学戦以前の連続5試合くらいで3ポイントシュートが1本も入っていなかったのだ。

これ以降、誰の目から見てもわかるくらい僕の調子は低迷していく。僕自身も明らかに壁にぶつかっていると感じ、伸び悩みの時期に突入したと思った。

1年生の途中からスターター（先発）として試合に出始めて、2年生になるとスタメンとして完全に定着した。ところが、期待されたシュートが入らないのだから、問題は深刻だった。僕は2メートルを超す身長でありながらも、リングから離れたエリアでのプレーが得意であり、それを評価されて起用されていた。一方で、ディフェンダーとしてはあまり評価されておらず、リング近くのエリアに入ってリバウンドを奪うプレーは、体の線が細かったこともあり、さほど上手ではなかった。

3ポイントシュートを狙うのが当時の僕に期待された役割だったにもかかわらず、精神的な弱さが露呈したのか、その役割を果たせなくなっていく。

シュートが決まらなくなると、僕はチーム内での居場所を失った。チームのために自分が何をすればいいのかわからなくなり、その結果、よりスタッツにこだわるという悪循環に陥った。

復調の兆《きざ》しが見えないまま、僕はさらなるドロ沼にはまっていった。周りのチームメートたちを見て、「この選手はこんなに成長しているのに、自分はまったく成長していないな」と、周りと自分を比べるようになってしまったのだ。本来は自分の成長に目を向けるべきなのに、周囲の人たちにばかり気を取られた。

低迷の理由は何だったのだろうか。やはりプレッシャーだったのか。

2年生になってスターターとして定着した僕は、前年よりも活躍しなくてはいけないという責任感にとらわれ過ぎていた面はある。

1年生のときの1試合の平均得点は1桁《けた》台だった。2年生になり、スターターとして常に起用されるようになったからには、このスタッツをせめて2桁にしなくてはと考えていた。この目標設定が過剰なプレッシャーとなり、調子を崩していったのかもしれない。

2年生のシーズン中、特に1月と2月は成長が完全に止まった。

その後、3月に入って何試合かいい試合があったが、なかなか不調からは脱し切れなかった。

不調に喘《あえ》いでいた2年生のとき、ジョージ・ワシントン大学はNCAAトーナメントへの出場を逃してしまった。その結果、僕たちはNCAAトーナメントから漏れてしまったチームが出場するNIT（ナショナル・インビテーション・トーナメント）に挑んだ。

このトーナメントの2回戦、ジョージ・ワシントン大学は強豪チームとして知られるニュージャージー州のモンマス大学と対戦する。そしてこの試合が、不調から脱するターニングポイントとなる。

相手チームには、彼らが所属するMAAC（メトロ・アトランティック・アスレチック・カンファレンス）で年間最優秀選手に輝いたジャスティン・ロビンソンというポイントゲッターがいた。彼は毎試合20点も取るようなスター選手だった。

一方の僕は、シーズン終盤にかけてディフェンス力が少しずつ評価をされ始めていた。その状態を見たコーチは、僕にロビンソンのマッチアップをするように命じたのだ。試合が終わってみると、僕はロビンソンを完全に封じ込め、6得点のみに抑えることに成功した。

このとき、自分にはこれほどまでのディフェンス力があるのかと大発見をしたような気分になった。コーチもすごく褒めてくれて、少しだけ信頼を取り戻したという感触を得たのだった。これが復活への足掛かりになっていく。

1年生時、試合を重ねる中で、ディフェンス面は自分にとって、ウィークポイントであると認識していた。そのため、2年生になって不調に苦しんでいた時期も、日々ディフェンス面の強化に取り組んでいた。その結果、いつの間にか、コーチが僕に相手チームのエースのマッチアップを任せてくれるレベルに成長していたのだ。

モンマス大学との試合がキーとなったのは間違いなかった。何よりも良かったのは、シューターとしてだけでなく、ディフェンスでもチームに貢献できるようになったことだ。

ディフェンスでのファインプレーは、なかなかスタッツには表れにくい。試合を見た人なら、その選手のディフェンス面での活躍を目の当たりにできるが、貢献度合はスタッツには出てこない。それでも僕はそれまで以上に積極的にディフェンスに力を入れるようにした。

その結果、4年生時には、ジョージ・ワシントン大学が所属するアトランティック

10カンファレンスでディフェンシブ・プレイヤー・オブ・ザ・イヤーをジョージ・ワシントン大の選手として初めて受賞することができた。

ディフェンス面での成長を実感してからは、スタッツの良し悪しに振り回されることは少なくなった。また改めて肝に銘じたのは、他人とは比較しないという姿勢だった。僕は僕で成長すればいいのだ。他人と比べたところで自分が成長するわけでない。

復調の兆しを感じながら、僕は自分にそのことを強く言い聞かせたのだった。

15 柔軟かつ臨機応変に行動する

バスケットボールに関する僕の基本姿勢は、

「チームを第一に考える」

というものだ。

ところが、これが通用しないときもある。

ディビジョン1に所属する大学ともなれば、一定のレベルを持った選手が集まってくる。1人でボールをキープし、そのままシュートまで持っていくプレーを続けていれば、皆それなりに点は取れる。実際、自分がチーム内の最大得点者になろうと思い、我先にとリングを目指す選手は多い。

しかし僕は、自分を前面に出さずにチームの中で与えられたロール（役割）を忠実に果たすことを心がけていた。1、2年生のときに試合に起用されていたのは、ベストプレーヤーではないが忠実なロールプレーヤーとしては有用だと、コーチが判断したからだろう。

ただし、こうした姿勢はアメリカでは主流ではない。

すでにチームの中心選手としてプレーしていた3年生のとき、コーチから「雄太はもっと自分が決めるという気持ちにならなければダメだ。それがチームにとってプラスになる。もっとチームの状況を見なさい」と言われたことがあった。それまではロールプレーヤーに徹することを一番に考えていたのだが、状況によってその姿勢はチームのためになっていないと指摘されたのだった。

3年生になり、チームにおける当時の僕の役目は、とにかく攻めて点を取ることだった。得点に関して自信がないわけではなかったが、どこか吹っ切れていない部分があったのは事実だ。つまり、押し出しが弱かったのだ。

コーチにそう言われてからは、自分のプレーは変わったと思う。それまでは、ロールプレーヤーとしてありたいという気持ちが強かったので、我先にというプレーはなかなかできなかった。

だが、その姿勢にとらわれ過ぎて、チームの状況を正確に理解できていなかった。チーム状況をわかっていれば、チームのために自分が中心となり、場面によっては我先にと自分で得点をもぎ取っていかねばならない。

それ以降、我を通すときは遠慮せずに攻めていくようにした。すると、得点数もぐんと伸び、それが結果的にチームの勝利に結びついた。これができるまでに僕は回り道をしていた。

チームが自分に何を求めているのかを瞬時に判断できるようにならないと、適切な行動はなかなか起こせない。

組織の中にいれば、これは誰にとっても同じだろう。その環境にいて自分は何をしなくてはならないのか、何を求められているのか、常にそれを考えるようにしたほうがいい。

我を通し、自分を前面に出す――。

この姿勢の大切さを僕は大学で学んだ。実際、アメリカ人のチームメートからは、「もっと我を見せなくてはいけない」とか、「雄太は優しすぎる」などと言われ、変化を自分に課したりした。

しかし考えを巡らしてみた結果、いまとなっては大学時代とは異なる考え方も生まれてきている。

確かにアメリカでは我を通すことは大事だ。しかし、日本人の僕がアメリカ人の真《ま》似《ね》をしてこれまでずっと勝負し続けてきたら、どこかで息切れしていたと思うのだ。

日本で生まれ育った僕の性格は、根本から変えられるものではない。

アメリカ式に変えたほうがいい部分もあるが、すべてを変えなくてもいい。強引に変えようとすれば、どこかで必ずひずみが出てくるだろう。

要は、使い分けが重要ということだ。

僕の場合、謙虚さや自己犠牲に偏り過ぎた姿勢が3年生のときに仇《あだ》となり、コーチからそれを指摘された。

一方、1、2年生のときはその姿勢がチーム内の役割としてフィットし、コーチに起用してもらえたのだ。

ということは、まずは自分らしさがどこにあるのか見極めた上で、それを認識しつつ、自分がいま何をすべきなのかを判断して、柔軟かつ臨機応変に行動していくのがいい。自分はあくまでも自らのやり方を貫いたからこそ、いまの場所に到達できた。自己犠牲を厭《いと》わず、謙虚な気持ちで周りを活《い》かしていくのが自分の良さなのだ。これからまだ上を目指していくが、自分のやり方で勝負していくしかない。

この考え方は、NBAプレーヤーとなったいまも堅持している。僕がチーム内で目指しているのは、ロールプレーヤーとしてベストなプレーヤーになることだ。それが自分の居場所であり、最も力を発揮できると考えている。そういう選手をいま僕は目指している。

アメリカの選手たちは、コートに立った瞬間、「オレが一番のプレーヤーだ」と信じ切ってプレーしている。そうした強い自我が、アメリカ社会で育ってきた彼らには染みついている。そんな彼らと同じ考え方で勝負しても、僕には絶対に勝てない。

アメリカ人の真似をして、自分の身の丈に合わない役割を演じても成功はしないだろう。だから僕はこれからも、他人と比べることをせず、自分を見失わないように気をつけながら成長する方法を選んでいきたい。

12
DAVIDSON
DAVIDSON

16 言葉よりも行動で示す

大学4年生になると、僕はチームのキャプテンを任された。キャプテンを務めるのは初めてではなく、中学校時代、高校時代と、それまでにもこの役割を担ってきた。だが、僕は、大声を張り上げながら指示を出し、積極的に人を引っ張っていくようなタイプの人間ではない。自ら率先して行動し、態度で示して皆を引っ張っていくのが自分のスタイルだと思っている。

ここで少し、高校時代の話に遡《さかのぼ》る。

3年生のときにキャプテンに選ばれた僕は、チーム内でトップの実力を身につけていたと思う。そんな僕に顧問の色摩先生は「練習の態度であっても、私生活での態度であっても、常に日本一の高校生でありなさい」と諭《さと》してくださった。

僕はその言葉を忘れないように心がけ、部員たちのお手本になってチームを引っ張っていこうと努めた。

高校2年生のとき、僕は史上最年少で日本代表に選出された。こうした立場になると、天狗《てんぐ》になったり、調子に乗って練習の態度が悪くなったりしがちだ。色摩先生は僕がそうならないようにいつも指導してくれた。

いまでも上下関係が必要以上に厳しい部活はあるだろう。そうなるのを避けたかった僕は、他の同級生たちとともに、下級生たちと気さくに接するようにした。特に新入生たちは、僕や他の先輩プレーヤーと距離を置く傾向があった。それを解消するため、こちらから積極的に声を掛け、オープンな関係をつくるようにした。

僕の狙いは、チーム内の風通しを良くすることだった。それを試合の際のコミュニケーションの潤滑化につなげたかったのだ。

大学4年生になってキャプテンを任されたときも、高校時代を思い出し、チームメートにプレーヤーとしてのお手本を見せて率いていく手法を取り入れた。口であれこれ言わなかった理由の1つには、言葉の問題もあった。2年生になったころから普段の会話にはまったく困らなくなってはいたが、とっさの場面でも流暢《りゅうちょう》に言葉を発せられるほどではなかった。したがって、言葉でチームメートに説明するよりも、行動を見せてそれに続いてもらうほうが早いと思ったし、誤解されることも少ないとも考えた。練習をする際には、手を抜かず、率先して先頭を走り、とにかく動く姿を見せる。他の人より多くやるのがポイントだ。この基本姿勢を貫いた。

バスケットボールだけでなく、学業に関してもお手本になるよう心がけた。バスケットボールの選手たちには、1週間に一定の時間、学習室に足を運んで勉強しなくてはならないというルールが課されていた。

この勉強時間が選手たちには実に不評で、「やってられねぇよな」などと不平を漏らしながら、嫌々参加しているチームメートもいた。僕だって勉強は好きなほうではない。彼らの気持ちはよく理解できたが、そうした不平は一切口に出さずに、「やらなくてはいけないものだ」と理解して、黙々と机に向かった。

行動を見せて引っ張っていく方法は、どちらかと言うと日本的なような気もする。そうした印象があるので、アメリカでも通用するのかと思う人がいるかもしれない。

しかし僕が実践してみてわかったのは、アメリカでも十分通用するということだった。自分のことができていないのに他人に指図するのは言語道断だし、口だけの人には誰であれ耳を傾けないものだ。

僕の読みは当たっていた。言葉巧みなキャプテンではなかったが、まずは行動で示すというスタイルはチーム内で評価され、支持される結果につながったと思っている。

17 雑念を捨てる

アメリカの大学バスケットボールでは1シーズン30試合程度が行なわれる。その中で、その先のNCAAトーナメント出場には、だいたい20勝以上が目安となる。

キャプテンとなった大学4年生のシーズンを振り返ると、チームとしての成績はあまり芳《かんば》しくなかった。

このときのチームの実力から考えれば、NCAAトーナメント出場は十分に可能だったと思う。ところが結果としてはたったの15勝で終わってしまい、NCAAトーナメント出場は叶《かな》わなかった。このときはさすがに、キャプテンとしてチームを勝たせられない責任を痛感した。

同じような経験は高校時代にもしたことがある。

高校2年生と3年生のとき、尽誠学園は、高校生最後の大会であるウインターカップで決勝まで進むことができたのだが、いずれも優勝することはできなかった。

特に3年生のときの決勝戦はいまでもよく覚えている。

相手は2年生のときと同じ延岡学園だった。延岡にはセネガル出身のジュフ・バンバという有名な選手がおり、彼と僕との対決が注目されていた一戦でもあった。当時はそれを少し意識し過ぎていたところもあったと思う。

僕はそれまで、点数が大幅に開いてワンサイドゲームにならない限り、40分間のフル出場を続けていた。大事な試合で僕がベンチに下がることなど絶対になかったのだ。ところがこの大一番の途中で、初めてベンチに下げられた。

まさか自分が下げられるとは思っていなかったので、入ってくる選手が大きなジェスチャーをして僕に交代を知らせるほどだった。

正直、「なんで?」という感じだった。疑問に思いながらベンチに帰ると、色摩先生から、「おまえのおかげでこの決勝の場面まで来られたんだから、余計なことを考えずにいままでどおりの自分でやりなさい」と告げられた。そしてその直後、コートに戻されたのだった。

そこからの僕は、雑念を捨て去って、調子を上げていった。

先生はいつもと違う僕の姿を見て取ったのだと思う。いつもは無心でプレーできているのに、余計なことが頭をよぎっていた。その証拠に、前半だけで23点もスコアを開けられてしまったのだ。

調子が戻ってからはシュートも決まり出した。

第4クォーターの残り1分で僕が同点のシュートを決めるところまで追い詰めていく。だが、最後の最後で負けてしまった。

悔しくてどうにもならず、あのとき僕は、かなり泣いた。

エースだったにもかかわらず、チームを勝たせることができなかったという思いが募り、このときも敗戦の責任を強く感じた。

一方で、言葉の重大さにも気がついた。先生の言葉によって、僕は一瞬で我に戻れたのだ。言葉が持つ力は侮《あなど》れない。

高校時代に色摩先生がよく口にしていた言葉に「チームを勝たせられる選手になりなさい」というのがある。

一選手として40点取っても、50点取っても、勝てない試合はある。そういう選手ではなく、チームを勝たせられる選手を目指せという意味だ。先生からもらった言葉の中でも、大切なものの1つであり、どうすればそうなれるのかいつも考えている。

それでも僕は、大学4年生のときに再びもがくことになる。そして結局、答えは見つからなかった。

これについてはいまでも答えが出ていない。これからも考え抜き、追求していかなければならないと思っている。

18 NBAデビューへの道筋

　大学4年生のシーズンが終わり、次のステージについて考えなくてはならない時期がやってきた。もちろん僕は、夢であるNBAのチームへの入団を切望していた。

　5月の卒業式が近くなるにつれて、いくつかのエージェンシー[*8]から声が掛かり始めた。NBAを目指す人は、エージェンシーと契約する決まりがある。エージェンシーを通さずに、選手が直接交渉することは禁じられているのだ。

　僕は、声を掛けてくれたエージェンシーの中から、ワッサーマン・メディア・グループと契約を結んだ。ここはMLBのダルビッシュ有選手（シカゴ・カブス）や前田健太選手（ロサンゼルス・ドジャース）とも契約しており、大手エージェンシーとしてアメリカでよく知られている。

ＮＢＡのチームに入団するまでには、いくつかの段階を踏まなくてはならない。例として僕がたどったケースを紹介していこう。

ＮＢＡのドラフトは、毎年6月20日前後に行なわれるのだが、有望選手は、その前、5月中旬ごろから各チームで行なわれるワークアウト（練習、トレーニング）に参加する。そこでコーチやフロント陣がプレーを見て、選手の実力や、そのチームにフィットするかなどを評価していくのだ。

僕のもとにも、いくつかのチームから「ワークアウトに来てほしい」というオファーが届き始めた。こうしたオファーは、代理人が各チームに対して「こういう選手がいますが、見てみませんか？」と打診し、先方が興味を持ってくれれば得ることができる。

ワークアウトは、どこもだいたい新人6名が1組になって行なわれた。こうしたワークアウトが、ドラフトが行なわれる6月中旬まで約1カ月間続いた。

この1カ月間、ドラフト対象選手はアメリカ全土をあちこち飛び回る。

僕自身も、ワシントン・ウィザーズ（ワシントンＤＣ）、ブルックリン・ネッツ（ニューヨーク州）、ゴールデンステート・ウォリアーズ（カリフォルニア州）、フェニックス・サンズ（アリゾナ州）、アトランタ・ホークス（ジョージア州）、フィラデルフィア・セブンティシクサーズ（ペンシルベニア州）など、東海岸から西海岸、南部に至る全米8カ所を訪れた。8カ所でも大変だなと思ったが、他の選手に聞いてみると、15〜20カ所も飛び回っている人もいた。

こういう選手は、最低でも2日に1回のペースでワークアウトに参加する計算になる。1回のワークアウトから帰ってくると、すぐに別のワークアウトに出掛けるという慌ただしい生活を1カ月間続けるのだ。

ワークアウトに行く際は、オファーを出したチームが交通費、宿泊費、食費を負担してくれる。これが仮に選手負担となると、裕福ではない家庭出身の選手は参加できなくなるが、そこはしっかりと配慮されている。

2018年6月21日、いよいよドラフトが行なわれた。NBAのチームは全部で30あるが、1巡目、2巡目と、合計60人が順番に指名されていく。このドラフトには、NBA入りを表明した全世界の選手たちが対象になる。

ドラフト以前のワークアウトの際、チームのフロント陣との面接があった。そこではドラフトについてどう思うかという質問をよくされた。

このときに僕が一貫して伝えていたのは、「必ずしもドラフトに掛からなくてもいい」ということだった。プロになりたいのにドラフトに掛からなくてもいいというのはおかしな話に聞こえるかもしれないが、決して矛盾した考え方ではない。その理由は、ドラフトに掛かったからと言って、全員がＮＢＡの舞台に立てる保証はないからだ。

事実、ドラフト１巡目で指名されてチームと契約しても、契約１年目のサマーリーグ[*9]で結果が出せないと本リーグで使ってもらえず、ＮＢＡの試合に一度も出られずに終わってしまうケースもある。

仮にサマーリーグが不調に終わり、本リーグでの出場が絶望的になっても、ドラフトで入団した選手は交渉の優先権をチームに明け渡しているので、他のチームへの移籍の道を模索できない。その場合、言葉は悪いが飼い殺しのような状態になることも考えられる。それよりも、未契約の新人や若手選手が出場するドラフト後のサマーリーグで活躍し、レギュラーシーズン開幕前に行なわれるトレーニングキャンプにどこかのチームから呼んでもらったほうが重要だったりするのだ。

トレーニングキャンプへの参加にまで至れば、ドラフト１位指名、ドラフト60位指名、ドラフト外という差は一切なくなる。ここで頭角を現せば、NBAデビューの可能性が一気に見えてくるのだ。

僕の場合だが、ドラフト2巡目で指名するチームがあるかもしれないと、代理人から聞かされていた。

いざドラフトの日になると、僕の代理人はドラフト会場の映像を見ながら設置された20台ほどの電話につきっきりだったそうだ。

ドラフトでは状況が刻一刻と変わっていく。指名していくチームの順番は事前に決まっているのだが、それぞれのチームがどの選手を指名するかはもちろんわからない。1人ずつ選手が指名されるごとに、残りのチームの関心は一斉に次の選手に注がれる。その状況を見定めながら代理人は自社の契約選手を各チームに売り込んでいくのだ。こうしたプロセスを経たのだが、結局僕はどのチームにも引っ掛からなかった。

しかしすでに述べたように、僕は少しも焦らなかった。ワークアウトが終わった時点で、サマーリーグには呼びたいというチームがいくつかあったからだ。事実、ドラフトが終わってすぐにブルックリン・ネッツから声が掛かり、サマーリーグに出られることが決まった。ここまでは僕の狙いどおりだった。

ただし、代理人からは「話をまとめるのに、こんなに大変なケースはなかった」と言われた。彼の言葉からは、僕のケースはすべてがスムーズに進んだわけではないことが窺《うかが》われた。実際このあとも、状況が二転三転する。

バスケットボールのプロ契約の形態は様々だ。サマーリーグとその後のトレーニングキャンプに参加できるという契約の場合もあるし、サマーリーグだけという契約もある。もしくは、「2ウェイ」という少し変わった契約（p9、＊2参照）を結ぶ選手もいる。ドラフト後、僕が期待していたのは、どこかのチームとこの2ウェイ契約を結ぶことだった。

ネッツからはトレーニングキャンプまで在籍してほしいと言われていた。他のチームからの条件はサマーリーグまでだったので、僕は迷わずネッツを選んだ。

サマーリーグでは、自分でも納得できるほどの成績を収めることができた。このままトレーニングキャンプまで行けば、ネッツと2ウェイ契約を結び、NBAデビューを果たせるだろう。その可能性は十分にあった。

サマーリーグが終わると、僕の代理人はさっそく2ウェイ契約を結ぶための交渉を始めた。ところがネッツからは、「雄太はすごく気に入っているし、契約したいと思っているが、チーム事情もあっていますぐに約束はできない」と言われてしまう。

トレーニングキャンプが終わるまで待ってほしいというネッツ側だったが、できるだけ早くどこかのチームと2ウェイ契約を結びたいという気持ちが僕にはあった。

代理人と相談した結果、もう少し視野を広げようという結論になる。

相手を探していると、テネシー州のメンフィスに本拠地を置くグリズリーズが2ウェイ契約を結びたいと手を挙げてくれた。

当座の目標は2ウェイ契約を結ぶことであり、僕の代理人もその考えに賛成だった。

こうして僕は、晴れ晴れとした気持ちでグリズリーズと2ウェイ契約を結んだのである。

＊8　選手に代わって、契約内容などを交渉する会社。

＊9　各NBAチームが来季のメンバーをセレクトするために行なわれる大会。若手の登竜門であり、ドラフトされた新人や2、3年目の若手選手、またドラフト外での契約を目指している有望選手が集められる。

"Liking" yields power.

STEP 3

才能を伸ばすために何をすべきか

19 「初心」「謙虚」な気持ちを忘れない

ドラフトのあとはＮＢＡデビューへと話は続いていくのだが、その前にバスケットボールに対する僕の考え方について触れておきたい。

自分の中で、いまも揺《ゆ》るぐことのない基本姿勢が確立されたのは、これまで再々触れてきた尽誠学園の色摩先生の教えがあったからだと言っていい。先生に出会ったことは、僕のバスケットボール人生で最大の転機だった。

先生が授けてくれたいくつもの言葉の中で、僕が最も大事にしているのは「初心」「謙虚」だ。

先生が伝えてくれた「初心」は、バスケットボールを始めたばかりのころの楽しかった気持ちをいつまでも忘れるなという意味だ。

次の「謙虚」は、捉え方によっては誤解されがちな言葉かもしれない。たとえばアメリカの場合、アスリートが「謙虚でありたい」などと口にすると、ポジティブな印象を与えなかったりする。アメリカは自己主張の国であり、「Me first（私が第一）」の傾向が強い。こうした文化の中で「謙虚であること」を前面に出すと、消極的だと受け取られてネガティブに評価される恐れがある。

ただしここで挙げた謙虚には「消極的」という要素は含まれない。そうではなく、先生が言っていた「謙虚」とは、指導者、チームメート、周囲の人々や環境に「感謝」する姿勢を指すものと、僕は理解している。

高校2年生のとき、尽誠学園は全国大会で準優勝に輝いた。急成長を遂げた尽誠学園はこの時期、多くの人から注目される存在になっていった。人はちやほやされるとどうしても我を忘れ、自分を過信してしまうものだ。先生はチーム全体がそうした状態に陥ってしまうのを懸念していた。

チームが準優勝できたのは、大勢の人たちのサポートがあったからだ。そうした人たちの存在を忘れてはいけないという意味が「謙虚」には込められている。

「初心」「謙虚」は、精神的な側面を律するための言葉だと言っていい。僕は、いまもこの言葉を胸に刻んでバスケットボールに臨んでいる。

20 「今日よりも明日」で少しずつ前進する

バスケットボールがうまくなるために僕が実践しているのは、足元を見ながら着々と成長し、ステップアップするスタイルだ。常にいまの状況よりも少し上のレベルを見据え、チャレンジしていく姿勢を大事にしている。

何もいきなり頂点を目指す必要はない。昨日よりも今日、今日よりも明日というスパンで少しずつ前進していけばいい。これを続けていけば、1年後には確実に大きな成果を得られる。

特に大学時代は、1日1日、一歩一歩、NBAに近づいていくことをイメージして練習していた。

焦っても夢の達成が近づくわけではないのだ。時間がかかってもいいから着実に目の前の課題をクリアしていく。結局これが夢にたどり着くための近道となる。

いまの僕は、アメリカで育ち、バスケットボールのエリートコースを歩んできた人たちに囲まれている。日本からやってきた自分は、その中に強引に分け入って競っていかないといけない。そんな環境にあっては、振り落とされないように、大地を這《は》うように前に進んでいくしか方法はない。どんなに望んでも、1日でバスケットボールをうまくしてくれる魔法なんてないのだ。

どの世界でも、必ず上には上がいる。NBAの例を言えば、ステフィン・カリー（ゴールデンステート・ウォリアーズ）、ケビン・デュラント（ブルックリン・ネッツ）、レブロン・ジェームス（ロサンゼルス・レイカーズ）、ヤニス・アデトクンポ（ミルウォーキー・バックス）といった雲の上の存在のようなスーパースター選手が何人もいる。

実際にNBAに身を置いて気づいたのは、彼らを仰ぎ見ながら、追いつき、追い越すことばかり考えていてもキリがないという事実だ。

正直、スーパースターである彼らと自分を比較していたら、早晩、バスケットボールをやめたくなってしまうだろう。上を見過ぎると、人はその高さに圧倒され、やる気を喪失してしまうこともあるのだ。

だからこそ僕は、他者とは比べず、自分の身の丈に合った方法で少しずつ成長することを目指すようにした。自分なりのバスケットボールを習得し、それを日々磨いていけば、コーチやチームはスーパースターでなくても自分を必要としてくれるだろう。それを信じてこれからもやっていこうと思っている。

ライバルをつくって競争心を煽《あお》り、相手に打ち勝つことをモチベーションとしている人もいる。自分もそうしていた時期はあった。だが、それはもうやめた。

比較する相手は、結局、自分自身にしたほうがいい。周りがどうであれ、自分が成長すれば試合に出られるチャンスは確実に膨らんでいく。

自分の成長を知るには、昨日の自分と今日の自分、1カ月前の自分と今日の自分、1年前の自分と今日の自分を比べてみることだ。

仮にNBAのスーパースターと自分を比べたとしよう。いつまで経《た》っても彼らに近づいている実感が持てない日々が続いたとき、それは自分の努力が足りないのか、それとも自分に才能がないのか、もしくは相手がものすごく努力しているのか、いつまでも原因をしっかりとつかむことができないままだろう。これでは自分の成長を測れず、不安になるだけだ。

一方、日々、自分に向き合いながら少しでもいいから成長していれば、過去の自分よりもいまの自分が良くなっていることを確実に認知できる。同時に、自己評価もしやすい。このことを最近、強く意識するようになった。

過去の自分と今日の自分を比べたとき、まったく良くなっていないと感じる日もある。それは単純に練習が足りないだけであり、そこには他人という要素が入り込んでくる余地はない。

再び成長モードに入っていきたければ、自分で自分を調整し、軌道に乗せていけばいいのだ。それに気がついてから、気持ちがかなり楽になってきた。

成長を実感するための現実的な方法を得たいなら、他人と比べるのはやめて、1日前の自分、1カ月前の自分、1年前の自分と比べるようにしたほうが絶対にいい。

21 楽しみ、楽しませることが大事

どんな競技であれ、最初は指導者の指示を素直に聞くほうがいいと僕は考えている。はなから指導者のスタイルを否定するのは避けるべきだ。選手はコーチに教えてもらっているという事実を受け入れ、感謝の気持ちを持ってほしい。特に小学生、中学生、高校生の場合は、コーチの声に耳を傾け、素直な姿勢で教えてもらうと自分の才能をより伸ばせる。

中学生や高校生になって反抗期を迎えると、やみくもにコーチに反抗したがる選手が出てくる。もちろん理不尽なことに対して黙っている必要はないが、単なる反抗心からコーチ批判を始めてしまうと、その選手の成長は止まってしまうと思っている。

時にはコーチや監督の指導に、どうしても納得できない場面もあるかもしれない。そんなときは、やはりコーチと建設的なコミュニケーションを取るしかない。これが一番大切だ。反抗するのではなく、どういう意図で指示を出しているのか素直に聞いてみればいい。その意図が理解できれば、選手のモチベーションは格段に上がるし、練習の質は大きく向上する。

当たり前のことだが、選手はロボットではない。したがって、コーチとのコミュニケーションをせずに、「はい、はい」とうなずくだけでもいけない。こういう状況でバスケットボールをしても、やらされている感がどうしても拭《ぬぐ》えず、バスケットボールを100％楽しめないだろう。

ずいぶん前に、ある高校のチームが軍隊の訓練かと見まがうような試合をしているのを見たことがある。終始しかめ面をしたコーチが怒鳴り声を上げ、威圧的な態度で選手に接していた。選手のほうはコーチを恐れているのが明らかで、楽しくバスケットボールをしているようには映らなかった。

プロの世界となれば、話は少し変わってくる。常に勝つことを求めなくてはならないので、勝利のためにコーチが選手のプレーを強制的に制限することもあるだろう。それに従えない選手は試合に出さないという判断もあり得る。選手たちにしても、チームを勝利に導くようなプレーができないのであれば、放出という憂き目に遭う。コーチ陣にしても、チームを勝たせられなければクビになってしまうだろう。プロの世界では、楽しさよりも勝利にこだわっていかないといけない。

ただしアマチュアの世界では、勝利の前にもっと大切なことがあるのではないか。色摩先生はよく、「いい顔でバスケットボールをしてください」と部員に言っていた。つまり楽しめということだ。コーチはバスケットボールをする楽しさを選手から奪ってはならず、選手のほうは楽しむ姿勢を忘れてはダメだ。

さらに言うと、コーチも選手も「成長」という点に目を向けてほしい。子どもたちの選手としての成長の伸びしろは限りない。そして先も長いのだ。小学生であれば、そのあとに中学校での部活が控えている。中学生になれば、高校へとつなげていきたい。その次は大学と、道ははるか先にまで延びているのだ。

少なくとも小・中・高時代は、勝利にばかりこだわって本来のスポーツの楽しさを蔑《ないがし》ろにし、選手たちが疲弊してしまうようなことがあってはならない。

選手は楽しさを感じながら成長できるように練習に励んでほしいし、コーチであれば、勝利だけにこだわらず、スポーツの楽しさをまず教え、選手の成長を促すのがいいと思う。それを優先しつつ、付随して勝利に対するこだわりや勝つことの嬉《うれ》しさを教えていけばいい。

加えて、1人ひとりの選手を比べないような配慮もしてほしい。

「あいつはできるのに、なんでおまえはできないんだ?」

こう言われれば、選手たちは一気にやる気をなくしてしまう。頑張ってやっていても、できない場合もあるのだ。他人と比較することで、その選手の成長の芽を摘み取ってはいけない。

できるのにやらないことに関しては、厳しい態度で注意してもいいと思う。ただし、どうしてもできないことに対していくら叱りつけても、若い選手たちのためにはならないと考えてほしい。

22 プレッシャーも受け入れる

僕はいま、大好きなことを職業にできている。これについては、幸せを感じない日はない。バスケットボールに巡り合えて、本当に良かったといつも感謝している。

人が自分の好きなものを見つけるには、育ってきた家庭環境が大きく影響すると思う。僕の場合、両親がバスケットボールの選手だったということが大きかった。

バスケットボールの会話ばかりしている家庭で育つうちに、僕は自然とバスケットボールが好きになっていった。

誰でも自分の人生を振り返り、「あのときこうなっていたら、いまの自分はどうなっていただろう」と振り返ったりすると思う。僕もそうすることがある。

バスケットボールをしていなかったら……。渡米を決断しなかったら……。

1つでも決断を変えていたら、いまの僕は存在していなかったかもしれないのだ。

考えても意味がないと知りつつも、思いを巡らせてしまう。

実は、バスケットボールをするために隣町の中学校に越境入学する際、僕は密《ひそ》かにプレッシャーを感じていた。

父は実業団に所属し、母は日本リーグでプレーし、代表選手として世界選手権に出場した経歴を持っていた。そのため、周囲は当然、「彼らの子どもなら、才能豊かに違いない」と見ていた。

調子が悪かった試合のあとは、「あの2人の息子なのに、どうして?」という視線にさらされる。活躍しても、「さすがあの2人の息子だね」で終わってしまうのだ。

そうした周囲の目は「苦痛だった」とまでは言わないが、「渡邊雄太」として見てもらえず、つらいときも正直あった。

両親だけでなく、姉の存在も僕にとってプレッシャーになっていた時期があった。

姉も両親の影響を受けて、バスケットボールにのめり込んでいった。中学のときには全国区のプレーヤーになり、卒業後は女子バスケットボールでは名門といわれる高校に進学した。

泣き虫だった僕とは対照的に、姉は強い人で、負けず嫌いだった。

すでに述べたが、小学校時代の僕は、父親からバスケットボールのプレーについてよく叱られた。同様に、父は姉のプレーに対しても叱ることがあった。ところが姉は、父に向かって時折言い返すときがあり、気の弱かった僕は「よくそんなことが言えるな」と、恐る恐る様子を見ていたものだった。

僕が中学生、姉が高校生のころの状況を分析すると、僕よりも姉のほうが確実にバスケットボールのエリートコースを歩んでいた。姉を見るときはいつも「すごいな。カッコいいなあ」という思いを抱いていたのだ。

当時、僕たちが一緒に練習することは一度もなかった。家では優しい姉で、仲も悪くなかったが、いつしか「追いつけ追い越せ」という関係になっていった気がする。そのせいもあって、バスケットボールに関してはお互いそっけない一面があったのかもしれない。覚えている限り、家の中で姉と差し向かいで直接バスケットボールについて話した記憶はない。

中学生のころは、彼女に追いつけない自分に負い目を感じることも多かった。両親は名選手だったし、姉も頭角を現している。なのに、自分は何をしているのかという気持ちになったりした。

そういう姉も、のちに大変な思いを経験したようだ。僕が高校から存在感を見せ始め、日本代表の選手に選ばれるようになると、今度は「渡邊雄太の姉」という目で見られるようになったのだ。

２０１８年10月に僕がＮＢＡデビューした際、姉からビデオメッセージが届いた。

「私はバスケットボールで両親に親孝行することができなかったから、そのぶん、雄太が代わりに親孝行してあげてください」

このメッセージを受け取って、僕は正直驚いた。現役当時、バスケットボールの世界では第一線にいた姉だが、心の中では「もっと活躍しなければ」というプレッシャーを感じていたのかもしれない。

どんな人であってもプレッシャーは受けるものなのだ。自分だけが苦しんでいるのではないと思えば、少しは気持ちが楽になるのではないか。

23 親のサポートが成長を促す

僕は間違いなく〝バスケオタク〟だ。

そう断言できるのは、バスケットボールを除いて趣味らしいものが何1つないからだ。1つでもあれば、自分の私生活も変わってくるのかなと思わないでもないが、本当に何もない。しかもバスケットボールは趣味ではなく、いまや自分の仕事でもある。まったく困ったものだと思う。

アスリートには、オフのときに息抜きとして動画を見たり、テレビゲームをしたりしている人が多い。もしかしたら面白いかもと思い、僕も大学時代にチームメートとテレビゲームで遊んだことがある。しかし、彼らにコテンパンにやっつけられてしまい、すっかり心が折れてしまった。僕の場合、小さいころからゲームをやったりする習慣がなかったので、子どものころからゲームに親しんできた彼らのレベルにはどうしてもたどり着けなかった。

「オフの時間は何をしているんですか?」

そう聞かれることがよくある。

答えは「シューティングの練習」。

結局、バスケットボールが僕の趣味なのだ。

それ以外の時間では、寝ていることが多い。あとは外食したり、テレビを見たり、映画を楽しんだりもする。いずれにしても平凡で、描写してみると退屈な男のように思える。

バスケットボール以外に関心を向けないのは、他のことに体力を使いたくないという基本的な考えが染みついているからだと思う。

頭の中にはバスケットボールしかなく、それを中心に生活が回っているのだ。特にいまはバスケットボール選手として重要な時期なので、これでいいと思っている。

もともとインドア派でもあり、外出するのが好きというわけでない。24年間生きてきて、バスケットボール以上に熱中できるものも見つかっていない。

大学時代、チームメートとパーティーに出掛けることもたまにはあったが、基本はバスケットボールばかりやっていた。

小学生のころにまで遡《さかのぼ》ってみると、ゲームをやりたいとか、友だちと遊びたいと思うこともあった。ただ、そんなときは両親が必ず口添えをしてくれた。

「雄太の夢は何だったっけ？」

「遊んでばかりいたら、ＮＢＡの選手にはなれないよ」

僕は、その言葉にいつも引き戻された。

小学生や中学生のときには、夏休みに山や海にキャンプをしに行った。だが、高校からは完全にバスケットボールだけだ。オフもほとんどなく、仮に休みの日があると体を休めることに全神経を集中した。その状態がいままで続いているのだ。

子どもにとって親の存在はとても大きい。僕の両親はバスケットボールから興味が逸れないようにいつも言葉をかけてくれた。両親の言葉に従ったのは、彼らがＮＢＡ選手になるという僕の夢を否定せず、サポートしてくれたからだ。それがなければ、僕は言うことを聞かなかっただろう。

小学生のころ、僕は毎日のように1000本ほどのシュート練習をしていた。父はその練習にいつもつき合ってくれ、リバウンドしたボールを僕に返し続けた。こうなると、親の言葉にも素直に従える。

小さい子どもの手本になれるのは、やはり両親だ。手本である両親ができないことを、子どもができるはずがない。

これは指導者についても言えると思う。いい手本になってくれる指導者には、子どもたちは自然とついていき、その手本を真似《まね》ようとする。

いい指導者になかなか巡り合えない子どももいる。ひどい場合には、子どもにとって好ましくない指導者に巡り合ってしまうかもしれない。その状況から抜け出すのは、子どもだけの力では難しい。そんなときは親が子どものためを考えて、最善の方法を見つけてあげるしかない。

いい指導者に巡り合い、いい指導をしてもらえるのは、本当にありがたいことだ。その出会いによって子どもの人生が大きく変わっていく。僕が実際にそうだった。

いい指導者に巡り合えたときは、それに感謝をして、可能な限り多くのことを吸収するといいと思う。

"Liking" yields power.

STEP 4

NBAの世界で得た学び

24 夢が現実となる実感

ここからはいよいよNBA[*10]の話をしていこうと思う。

憧れのNBAのコートに立てることが決まったのは、2018年10月26日だった。グリズリーズは翌27日にフェニックス・サンズ戦を控えていた。

確か夜の9時ごろだった。部屋のソファに腰かけて、テレビを見ながらリラックスしていると、電話が鳴った。

「明日、アクティブロースター[*11]に入るから、準備しておいてくれ」

そう告げられたあと、次の日のスケジュールを言い渡された。ついにNBAデビューが決まった瞬間だった。

スタッフには冷静に「サンキュー」と言って電話を切ったが、心ははしゃぎ出したくなるような感覚で充満していた。デビューできると思うとたまらなくワクワクしてくるのと同時に、「いよいよチャンスが到来した」という引き締まった気持ちになるのだった。

NBAの試合に出られるのは、アクティブロースターに名前が登録された13人までに限られている。チームに所属するのは僕のように2ウェイ契約を交わしている選手を含めて17人いるので、試合ごとに4人が登録から外される。27日に予定されていたサンズ戦に臨むにあたり、チームでは故障者が出ていた。そのため、僕は13人の中に入れてもらえたのである。

あくまでも2ウェイ契約という立場のため、もしかしたらNBAのコートに立てずにシーズンを終えるという状況を憂慮《ゆうりょ》していたところだった。それだけに、嬉《うれ》しさはひとしおだった。

電話を切ってすぐ、僕は両親と色摩先生、そして楠元にNBAデビューの知らせを送った。

僕は毎晩11時には寝ている。そしてその夜もいつもどおり同じ時間にベッドに入った。だが、さすがに少し興奮しているせいか、その晩はすぐには寝つけなかった。

翌27日の試合は夜7時からのスタートが予定されていた。場所はグリズリーズが本拠地としているメンフィスのフェデックスフォーラムである。

朝起きて、家を出ると、午前8時ごろには練習コートのあるフェデックスフォーラムに到着した。10時から始まる全体練習の前に、20分ほどの個人練習の時間が与えられている。

個人練習には2、3人のコーチがつき、選手のプレーをチェックしてくれる。僕のようなルーキーは早い時間からこの練習を先に済ませておかなければならない。個人練習は8時15分くらいからスタートする。

僕のあとには、ベテラン選手たちの個人練習が続く。グリズリーズだと、最後に個人練習をするのはマイク・コンリー（ユタ・ジャズへ移籍）やマルク・ガソル（トロント・ラプターズへ移籍）といったスター選手たちだ。彼らはそのまま全体練習に移行していくのだ。

個人練習が8時40分ごろに終わってしまうと、10時の全体練習までは自由時間。後学のために先輩選手たちの個人練習を見学したいところだが、それはできない決まりになっている。僕は再び自分の家に戻ることにした。

部屋で過ごしたあと、10時からは全体練習に臨んだ。NBAデビューの瞬間は刻一刻と迫ってきていた。

全体練習では、チームメートとともに、動きの確認を行なったり、対戦する相手がどういう動きをしてくるかなどのレクチャーを受けた。

全体練習は11時に終わった。次は試合前のウォーミングアップのために午後4時までにフォーラムに戻ればよく、たっぷり時間があった。

早く試合が始まってほしいというのに、こういうときほど時間が経《た》つのが遅い。はやる気持ちを抑えながら、僕はどうにか時間をやり過ごした。

午後4時前になると、「やっとだ」と思いつつ、フォーラムへと向かう。到着後、30分ほどのアップを済ませると、7時からの試合に備えていった。

午後7時、いよいよ試合が始まった。

サンズの動きを見ると、前シーズンから戦力が落ちているのは明らかだった。

そのため試合は序盤からグリズリーズのペースで進んだ。相手のエース選手が怪我で欠場していたことも重なり、グリズリーズは常にリードを保った。

第3クォーターが終わったときには、すでに点差は25点にまで広がった。その時点で、今日のうちにデビューできるだろうと予想できた。
最終の第4クォーターが始まり、試合終了まで残り時間が5分になってもグリズリーズはまだ20点ほどリードしていた。そのタイミングでコーチに声を掛けられた僕は、いくつかの指示を受けたあとコートに送り出されたのだった。

記念すべきNBAでの初得点は、フリースローによるものだった。
ディフェンスにプレッシャーを与える中でファウルを誘発、得点機会をもぎ取った。リングに向かってシュートを打つ瞬間、ベンチのチームメートたちは皆立ち上がり、拍手をしてくれていたようだ。その瞬間、僕はシュートに集中していたので、彼らがそんな形で応援してくれていることに気がつかなかった。家に帰って試合の録画を見たときに、皆が立ち上がり、シュートが決まった瞬間に大喜びしているのを確認したのだった。

試合後のロッカールームでは、チームの皆からお祝いの言葉をたくさんもらった。

日本にいる両親には電話で報告した。試合を見ていた両親は、僕のデビューをとても喜んでくれた。

普段所属している下部リーグのハッスルのチームメートからも携帯にお祝いのテキストが送られてくる。

「初出場、初得点おめでとう！」

送られてきたメッセージを読んでいくうちに、自分のＮＢＡデビューがもはや夢ではなく、とうとう現実のものになったという実感が体中に染み渡っていった。

＊10　ＮＢＡは30チームで構成されており、東西2つのカンファレンスに分かれ、さらにそれぞれ3つのディビジョンに分かれる。各チーム、レギュラーシーズン82試合を戦ったのち、各カンファレンス上位8チームがプレーオフに進み、年間のチャンピオンを争うことになる。渡邊選手の所属するメンフィス・グリズリーズは、ウェスタン（西）・カンファレンスのサウスウェスト・ディビジョンに所属している。

＊11　「ロースター」とはチームの公式戦に出場する資格を持つ選手枠のこと。ＮＢＡの場合、最大15人まで（他に2ウェイ契約選手2人まで）登録できる。ただし、1つの試合に対し、出場できる選手の枠はロースター15人のうち13人までで、これを「アクティブロースター」という。さらに1つの試合でベンチ入りできる（その試合に出場できる）のは、12人までである。

25 達成感が得られない理由

ずっと夢見てきたNBAの晴れ舞台に僕は立つことができた。普通に考えれば最高な気分になってもいい状況なのかもしれない。ところが僕は冷静だった。嬉しかったのは間違いないのだが、それ以上のものではなく、満足もしていなかった。

考えてみれば当たり前だ。20点もリードして、試合の大勢はほぼ決まっていた局面での出場だったし、しかもプレーしたのは最後の5分だけなのだ。チームの勝利に自分が貢献したわけでなく、それまでプレーしていたチームメートの活躍で勝てた試合だった。僕がコートに立てたのは、彼らが十分な得点差をつけてくれたおかげなのだ。自分の力を発揮したわけでもないし、評価されることもしていない。達成感が得られないのは当然だった。NBAデビューを果たしたのは事実だが、あくまでも一歩を踏み出しただけに過ぎなかった。

とはいえ、NBAの試合に出られたことは大きな収穫として捉えている。スタート地点に立ち、そこから一歩踏み出せたのだ。

NBAの下部リーグであるGリーグの試合でも、試合を重ねるごとに成長できたという手応えはある。それを含めると2018－2019シーズンは決して悪い年ではなかった。ただし重要なのは、スタートを切ったあとだ。

デビュー戦以降、僕は先のことばかり考えていた。今後は大事な局面で「雄太が必要だ」と頼られるようにならなければならない。それが次のステップとなった。

シーズンが終わり、最終的に僕はNBAの試合に15試合出場した。Gリーグのハッスルでは33試合に出ている。

デビュー戦以降の自分を振り返ると、確かに大事な場面で出場する機会もつくれたと思う。しかしこれは、チーム事情が絡んでいたと言わざるをえない。レギュラー陣にケガ人が続出したため、「雄太でなければダメだ」というよりも、メンバーを総動員しないとやり繰りできなかったのだ。

デビューを果たしたからといって、浮かれてばかりはいられない。今後に結びつけるためにも、初めてのシーズンの分析はかなり冷静にしておく必要があった。

26 自分の強みで勝負する

ここで改めて、僕が所属するグリズリーズについて紹介しておきたい。

グリズリーズはもともと、カナダのバンクーバーを本拠地とするチームだった。そのチームが現在の本拠地であるテネシー州メンフィスに移ってきたのは2001-2002年シーズンのことだ。

メンフィスはブルース発祥の地として知られる。エルビス・プレスリーの出身地としても有名なところだ。町の西側には、アメリカで最長を誇るミシシッピ川が悠々と流れている。人口は約65万人の中規模都市であり、ジョージ・ワシントン大学のあった首都ワシントンDCに比べると、田舎という印象が強い。

だからと言って、それが嫌いなわけではない。そもそもアメリカで最初に僕が入学したプレップスクールもコネチカット州オークデールという田舎にあったし、僕が育った香川県三木町も田舎だ。むしろ、また田舎に戻ってきたという感じだ。

慣れないことと言えば、この期に及んでまた言葉だろうか。これまで僕が住んできた東海岸とは違い、ここメンフィスは南部の中でもディープサウスと言われる地域だ。僕がようやく慣れてきた英語とは違い、いわゆる南部訛《なま》りがとても強いのだ。地元の人に話しかけられる際には、いまでも、「いまなんて言ったんですか?」と聞き返してしまったりする。だが、これにも次第に慣れていくだろう。

メンフィスには熱狂的なグリズリーズファンが多く、選手としてはありがたい。最近では街を歩いているとファンから声を掛けられる。そうした親しみやすい土地柄は、とても気に入っている。

NBAのバスケットボールは常に進化を遂げている。いまはオフェンス重視の傾向が顕著だ。ハイスコアの獲得を狙い、3ポイントシュートをどんどん打ち、1試合で120~130点を取るようなチームが増えている。

そんな中、グリズリーズはディフェンスを重視し、ロースコアで勝ち抜いていくオールドスタイルを貫いている。チームの合言葉は「Grid and Grind（闘志と気骨）」であり、昔ながらの泥臭いバスケットボールを武器にしている。

僕もどちらかというと泥臭いタイプの選手だ。まずは守りを固め、その中で貴重な点数をもぎ取り、勝利を呼び込むプレースタイルを強みとしている。それだけに、グリズリーズからオファーが来たときは、自分のやりたいバスケットボールができると思った。そういうチームだからこそ、僕に声を掛けてくれたのだろう。

グリズリーズのスターは、何と言ってもマイク・コンリーだった。このシーズンオフにユタ・ジャズへトレードで移籍することになってしまったが、名門オハイオ州立大学出身の彼は、ＮＢＡデビューを果たしてから11年間、グリズリーズ一筋でプレーしていた。他チームへの移籍が日常茶飯事のＮＢＡで、彼のような選手は珍しい。

彼はプレーだけでなく人柄も素晴らしい。僕は、チームメートの中で彼を一番リスペクトしていた。高額プレーヤーともなると曲者《くせもの》的な人が多かったりする中で、マイクはいつも優しく、人当たりもいい。僕が入団した初日、わざわざ向こうから気さくに話しかけてくれた。家族思いのところもリスペクトするところだった。

バスケットボールに注ぐ情熱は人一倍強く、チームリーダーとして頼れる存在だ。マイクのようなアンカーパーソン（まとめ役）が1人いると、チームは1つにまとまりやすい。ジャズに移籍しても、きっとチームの中心選手として活躍するに違いない。

今度は対戦相手として再会できることを、いまから楽しみにしている。

同期であり、ドラフト1巡目の4位でグリズリーズに入団したジャレン・ジャクソン・ジュニアとも親しい間柄だ。チームと大型契約を交わした彼は、将来、チームのフランチャイズプレーヤー（生え抜き選手）になると言われている。

昨シーズンは終盤にケガで戦線離脱してしまったが、コンリーやガソルが移籍してしまった今シーズンは、グリズリーズのエースとしての飛躍が求められていると思う。

2019‐2020シーズンのグリズリーズは、昨シーズンまでの中心選手が抜け、ヘッドコーチも代わり、ジャレンや、新たにドラフト1巡目2位で入団したジャ・モラント選手らを含め、若い選手を中心とした新しいチームに変わっていくことになるだろう。こうした状況は僕にとってもチャンスであるし、このチームの中で自分の居場所をもぎ取っていきたい。

マッチアップに見た課題

27

それにしても……と思う。

グリズリーズと契約するまでは、僕にとってNBAは夢の世界だった。それがいまでは、憧れていたスター選手たちが、目の前でウォーミングアップをしていたり、僕にパスを回してきたりする。慣れるまでは現実感がなく、本当の意味で夢を見ているような不思議な感覚だった。

対戦相手にもスター選手が大勢いる。彼らと試合で対戦するたびに、「自分はNBA選手になったんだな」との自覚が高まっていく。

2018年のプレシーズンマッチ、ヒューストン・ロケッツ戦では、クリス・ポール（オクラホマシティ・サンダーへ移籍）のマッチアップを任された。さらにレギュラーシーズンの最終戦となったゴールデンステート・ウォリアーズ戦ではケビン・デュラントのマッチアップをするという貴重な経験も積んだ。

NBAで実際にプレーしてみると、想像はしていたものの、スピード、パワー、高さなど、すべての面において桁外れ《けたはず》れだった。

大学やGリーグではシュートを打てていた場面でも、NBAでは簡単にブロックされてしまう。

こうしたプレーを経験していくと、完全にノーマークでシュートできる場面でも、またブロックされてしまうのではという思いが一瞬過《よぎ》り、正確なシュートが打てなくなるようなこともあった。

しかし、今後もこの世界で生きていくためには、いつまでも、驚嘆《きょうたん》してはいられない。

チームから不要と判断されたら、即座に解雇されてしまう世界なのだ。実際、僕と同じく、グリズリーズと2ウェイ契約を結んだDJ・ステフェンズ選手は、12月の段階で解雇されている。

また、本契約の選手ですら、明日も契約が継続される保証はない。

そう考えると、僕がシーズン終了まで契約を継続できたことは、現時点としては悪くなかったと思うし、自信にもなった。

ここから本契約につなげていくには、試合でいいプレーをして、コーチの信頼を勝ち取らないといけない。


2018-2019シーズンを振り返ると、僕が出場したのは点差が開いて勝敗がほぼ決まりかけている試合が多かった。

そうなると、両チームはすでにスター選手を下げており、スーパースター級の選手とマッチアップする機会は限られていた。

少ない機会ではあったが、いざマッチアップをすると、彼らから受ける迫力は凄《すさ》まじいものだった。僕は彼らの動きについていくのが精いっぱいで、しかも悔しいことに彼らの視線は僕には向いていないように感じることが多々あった。僕を抜いたその先のプレーを考えているのだ。

次のシーズンで対戦するときは、自分に視線を向けさせたい。まずは自分を抜くことに本気を出させたい。

自信がないわけではない。

そのためにに何をすべきかも、明確に見えている。

これまでもそうしてきたように、他人と比べず、昨日の自分、1年前の自分よりも成長していけば、必ず彼らを本気にさせられると信じている。

28 待遇の差がやる気を生み出す

2ウェイ契約を交わしている僕は、普段はGリーグのハッスルでプレーしていた。こちらのチームの本拠地はミシシッピ州サウスヘイブンにある。メンフィスの南に位置し、車なら高速道路を走って20分ほどで着く。

ところで、トップリーグであるNBAとその下部リーグであるGリーグとの間には、実に大きな格差がある。

たとえば、グリズリーズに帯同して遠征試合をする場合、試合後はチームジェットに乗ってメンフィスまで帰ってくる。遠征先は全米に広がっており、どこにでも行く。アリゾナ州のフェニックスにも行けば、ロサンゼルスやニューヨークにも行く。

基本は前日に現地入りし、試合が終わるとチームジェットでメンフィスに戻ってくる。これがグリズリーズでの遠征のパターンだ。

一方、ハッスルでの遠征となると、状況がガラリと変わる。

ハッスルはチームジェットを所有していないため、通常の飛行機に乗り、一般の人たちと一緒に移動する。座席はエコノミーなので、僕のように身長2メートルを超える選手たちはつらい思いをしなくてはならない。

大変なのはこれだけではない。Gリーグの本拠地は、地方の小さな都市であることが多い。そのためメンフィスからは直行便がなく、乗り継ぎを重ねて目的地に向かうのが普通なのだ。空港に着いても、そこからバスで1、2時間の距離を移動したりもする。

違いはまだまだある。コーチの数も違えば、観客の入りにも大きな差がある。当然、待遇面でも大きく違う。

NBAの場合、前日入りした日の夕飯は各自で食べるのだが、次の日の朝食、昼食、試合前の食事、試合後の食事はすべてチームから提供される。さらに、なぜか食事代も別途支給されるという厚遇ぶりなのだ。

ところがGリーグの場合、支給される食事代はNBAの半分。しかも食事は提供されないので、もらった食事代でまかなわなくてはならない。

食事できる場所を探すのも一苦労だ。

ハッスルの試合で、サウスダコタ州のスーフォールズという都市に行くことがある。スーフォールズ・スカイフォースというチームの本拠地なのだが、ここはおそらくGリーグのチームの中でも最も田舎の都市ではないか。空港からはさほど離れていないのだが、ホテルから歩いて行けるようなところにレストランは1つもない。

フェニックス・サンズ傘下のノーザンアリゾナ・サンズの本拠地も印象的だ。場所は、アリゾナ州の北部にある。フェニックスの空港からバスに乗ると、アリゾナの赤茶けた山に囲まれた暗い道を1時間半ほどバスに乗っていく、周囲には荒涼とした大地が広がり、人の姿も見かけなければ、対向車もやってこない。

幸いなのは、僕が所属するハッスルがメンフィスからほど近いサウスへイブンにあることだ。高速で20分も走ると到着する。しかも練習場所はグリズリーズもハッスルもメンフィスにあるフェデックスフォーラムなので、移動距離はないに等しい。

この状況はありがたい。普段はハッスルでプレーしている僕だが、急遽《きゅうきょ》グリズリーズから招集を受けたとしても、すぐに移動できる。

だが、チームによっては、選手はとても苦労する。

たとえば、先ほど紹介したスカイフォースの選手だが、彼らの提携ＮＢＡチーム、マイアミ・ヒートはフロリダ州マイアミ市にある。したがって、僕のような2ウェイ契約の選手がアクティブロースターに入ったら、北部のサウスダコタ州から南部のマイアミに飛ばなくてはならない。

マイアミの本拠地まで行ったはいいが、故障した選手が思ったより早く復帰した場合は、再びすぐに舞い戻らなくてはならないこともある。

Ｇリーグでは、こうした環境で揉《も》まれながら試合をこなしていくのだ。

これらの待遇の差を経験すれば、当然、ＮＢＡでプレーしたいというハングリーな気持ちが湧《わ》いてくる。実際、好待遇を受けることをモチベーションにしている選手も多い。僕自身もやはり、Ｇリーグでプレーするよりも、待遇のいいＮＢＡでプレーしたいと正直思う。

与えられた環境に不満を漏らさないようにし、バスケットボールができることに常に感謝するようにしてはいるが、ＮＢＡの待遇に慣れてくると、どうしてもそれを求めるようになっていく。

報酬についても触れておこう。

NBAと本契約をすると、88万ドルの最低年俸が保証される。シーズンにより変動する可能性はあるのだが、2018-2019シーズンはこうだった。これに対し、Gリーグの最低保証年俸は3万ドル半ばだ。

加えて、2ウェイ契約の場合、NBAチームに帯同すると、NBAの最低年俸である88万ドルを日割り計算した額をもらえる。

昨シーズン、グリズリーズにおける稼ぎ頭はマイク・コンリーだった。年俸約3000万ドルで複数年契約を結んでいた。

このように報酬面でも、NBAには夢があるのだ。

日本ではお金の話はタブー視されがちだが、アメリカでは、その点はかなりオープンだ。

NBAには、貧しい家庭で育ち、苦労を重ねてプロになった選手も多い。彼らは年俸に関して貪欲《どんよく》な気持ちを抱いている。そうしたハングリーな気持ちは当然強い気持ちとしてプレーにも表れてくる。年俸を上げたいという意欲は、確実にやる気につながる。

29 勝利のポイントは「ケミストリー」

中学校、高校、大学くらいまでは、「頑張っている姿」がプラスのアピール材料となるケースがある。「この選手はいいな。試合で使ってみたいな」とコーチに思ってもらえるきっかけにもなるので、アマチュア時代には頑張る姿を見せるのも大切だ。

だがプロになると、実力だけがモノを言う世界になる。アマチュアの世界のように、「この人はいつも頑張っているから、試合に出してあげよう」というレベルの話ではなくなるのだ。

NBAの世界では、スタッツが何よりも重要だ。ただし、スタッツを良くするためには、真面目《まじめ》に練習に取り組むしかないので、結果的に頑張る姿勢を見せていることになる。実際問題として、良いスタッツを残している選手は練習に向き合う姿勢も優れている。一流選手が練習中ダラダラしている姿を見かけることはほぼない。誰もがハードワーカーだ。中には素行が悪かったり、全体練習に平気で遅刻してくるなどと報じられ、ファンから快く思われていない選手もいるが、そんな選手であってもバスケットボールに対しては真剣であり、見えないところで人一倍練習しているはずだ。

フィラデルフィア・セブンティシクサーズなどでプレーした元NBA選手のアレン・アイバーソンは、素行が良くない選手として知られていた。現役時代の彼は、全体練習にあまり参加しなかったらしい。周りからの批判も多かったが、彼は「罰金を払っているからいいだろう」という態度だったそうだ。

彼のインタビューをテレビで見たことがある。その中で彼は、「それでも試合に行けば、皆オレに注目するじゃないか。それでいいじゃないか」という主旨の発言をしていた。普通なら非難の的になるはずだが、そうはならなかった。彼には圧倒的な力があったのだ。チーム練習には積極的ではなかったが、スタッツを残すために個人での練習はしっかりとやっていたと言う。

確かにチームメートからの評判は良くなかった。ただし、彼の実力は誰もが認めざるをえなかったのだ。

一方で、実力があるのにチームにうまくフィットせず、思うように活躍できない選手もいる。

昨季、デンバー・ナゲッツでプレーしたアイザイア・トーマス（ワシントン・ウィザーズへ移籍）は、ボストン・セルティックスに所属していたときは中心選手としてチームをカンファレンスファイナルまで導き、オールスターゲームにも出場するような、押しも押されもせぬスーパースターの1人だった。しかし、その後、セルティックスからトレードで出されてからは、ケガをしてしまったこともあるのだが、ケガが回復してからもチームになかなか馴染《なじ》めないのか、毎年のように他チームにトレードされ、不安定な選手生活を余儀なくされている。彼のように実力があっても、チームとの相性が悪いと空回りしてしまう恐れもあるのだ。

バスケットボールはチームスポーツである以上、スーパースターばかりが集まってもうまくいくわけではない。どのチームにも、スーパースターが得点を次々と決めていく裏で、それを支えるプレーに徹している選手が必ず存在している。

チームの中で選手それぞれの個性や特徴がうまく融合することを、バスケットボール用語でケミストリーという。トレードなどで有力選手を集めたものの、このケミストリーがうまくいかず、思うように勝てないチームもある。

僕は、そこにこそ、僕がこの世界で生き残っていける余地があると思っている。日本にいたときや大学時代はエースの役割を担っていたものの、正直、自分の身の丈から冷静に判断すると、僕がＮＢＡで、チームの中心選手として、1試合に20点も30点も取るような選手になることはないと思っている。僕の目指すべき選手像はそこではない。

チームの中で与えられた役割を誰よりも忠実に果たすことができる、そんな選手になることを目指している。プロである以上、スタッツを残すことが大事であることは間違いないが、スタッツに表れない部分――ディフェンスで少しでも相手の動きを遅らせる、ボールをもらえないところでも常に動き続け、味方が得点するチャンスをつくる、ルーズボール（こぼれ球）に必死で飛びつく、といった泥臭いプレーを大事にしていきたい。そうした姿勢を続けていれば、きっとチームから必要とされると考えている。

先に、「ロールプレーヤーとしてベストプレーヤーになる」と書いたが、その意味はこういうことである。

"Liking" yields power.

STEP 5
「アメリカ」という影響

30 留学が自分をひと回り成長させる

最近、日本から海外に留学する若者たちが減ったという話を聞いた。アメリカ留学を経験した身からすると、少し寂しい気もする。

僕の留学は、あくまでもバスケットボールのレベルを上達させるのが第一の目的だった。そうは言っても、アメリカでの生活が長くなるうちに、バスケットボール以外でもプラスの影響をたくさん受けた。

18歳でアメリカに渡ってから早いもので、まもなく丸6年を迎える。

この間、自分がアメリカナイズされたと思うところはいくつもある。その最たるものが、性格が明るくなって、他人に対して社交的になったという点だ。

日本にいるころ、僕は本当にシャイな人間だった。とにかく引っ込み思案な性格だったのだ。なので、僕が言葉も通じないアメリカに行きたいと言い出したときは、両親は相当驚いたようだ。

それがアメリカに来て、朗らかなアメリカ人たちと一緒に生活をするうちに性格が変わってしまった。最初は、アメリカの文化に合わせるために、意図的に相手に対してオープンに接するように心がけていた面もある。だが、それを続けていくうちに、自然と自分もフランクでオープンな性格になっていったのだ。事実、コミュニケーション能力はだいぶ上がったと感じる。

日本にいたときは、人見知りが激しくて、心をなかなか開かなかった。人前で話すのも絶対的に苦手だった。その自分がいまでは英語でインタビューに答えたりするのだ。人は変わろうと思えば、いくらでも変われるのだとつくづく思う。

外国に行けば、文化や国民性の違いから、あらゆる場面で刺激を受ける。日本にいたときの常識が通用しないことも多々ある。そうした経験を積むことで、視野は確実に広がった。このことは、バスケットボールに限らず、僕の今後の人生の中で必ずプラスになるはずである。

アメリカへ行くべきか悩んでいたとき、海外挑戦を経験していた先輩は、皆僕の背中を押してくれたことは、先に書いた。それはきっと、外国での生活を通して、バスケ以外の面でも、人として成長できたことを、実感していたからだろう。

僕より1年遅れでアメリカのゴンザガ大学に進学した八村塁選手が、2019年のNBAドラフトでワシントン・ウィザーズから1巡目9位指名を受けたことは日本でも大きな話題となったが、実は日本のバスケットボール界ではここ数年、若手の有望選手がアメリカで挑戦するケースがどんどん増えてきている。

たとえば、テーブス海選手。彼は高校2年生を終えた時点で、全米優勝をしたこともあるようなアメリカの強豪校に転校し、その後、NCAAディビジョン1のノースカロライナ大学ウィルミントン校に進学。そこで1年生からスターターとして起用されている。

また、小学校時代、1試合で85点取ったという逸話を持ち、史上最年少の15歳で日本代表候補に選出された田中力選手も、中学を卒業して、すぐにアメリカに渡っている。

すでに日本代表の中心選手の1人である馬場雄大選手（アルバルク東京）も今年、Bリーグシーズン終了後、NBAチームの1つ、ダラス・マーベリックスからキャンプ参加の招待を受け、NBA挑戦の表明をした。その後、サマーリーグのメンバーにも選ばれ、出場時間は短かったものの確かな手応えを得たようで、NBAへの思いをさらに強くしていると聞いている。馬場選手とは、これから日本代表の合宿などでともに過ごす時間が増えると思うが、できる限り、僕の経験などをふまえてアドバイスできたらと思っている。

僕がアメリカ挑戦を決めたころと比較しても、アメリカの高校、大学への進学を選択肢として考える上でのハードルはだいぶ下がっていると思うし、さらには、現実的な目標として、NBAプレーヤーを目指すということを口にする若い選手も増えている。

長い間、日本人がアメリカでプレーすることなど、無謀だと考えられていた。しかし、僕は、バスケットボールをするのに国籍など絶対に関係ないと思っていたし、実際にアメリカでやってみて、いまではそのことを確信している。

僕の挑戦が、少しでも彼らの背中を押すことにつながり、さらには僕や八村選手といった日本人ＮＢＡプレーヤーの活躍を見て、将来プロのバスケットボールプレーヤーを志す子どもが増えてくれれば、こんなに嬉しいことはない。

前にも記したが、失敗とは、挑戦しないで後悔することである。今後僕が、アメリカ挑戦について相談を受けたら、やはり、十分な覚悟と決意があるならば、絶対に挑戦すべき、と伝えたい。

WATANABE
12

31 非科学的、非効率なトレーニングはしない

アメリカのバスケットボールシーズンは、毎年秋に開幕し、翌年の春まで続く。大学の例を挙げると11月にレギュラーシーズンがスタートし、そこで良い成績を収めれば3月からのNCAAトーナメントに進み、4月頭のファイナルで幕を閉じる。チーム練習がスタートするのが10月なので、夏の間は各自で個人トレーニングをするのが通常のパターンだ。この間、ウェイトトレーニングも充実させていく。

シーズン終了後、5月の学年末まで大学の授業があるので、僕の場合は毎年、それまで大学に通い、夏休みに入ると日本に帰国し、個人トレーニングをしていた。

渡米前までは、アメリカではかなりハードな筋トレをするのではないかと思っていた。ところが実際にこちらに来てみると、想像以上に科学的なトレーニング理論が確立しており、むやみに筋トレをさせられることはなかった。

たとえばジョージ・ワシントン大学のバスケットボール部では、各選手にあったトレーニングメニューを考えてくれた。ウェイトをいつもより増やし、あえて負荷をかける日もあるが、反対にいつもよりも軽くし、いいフォームでトレーニングを行なうことに重点を置くなど、バランスの取れたプログラムが組まれていた。

大学のバスケットボール部には、この分野専門のストレングストレーナー*12が必ずチームに1人はいる。また、グリズリーズには3人ものストレングストレーナーが所属している。彼らは、選手たちの筋力、敏捷性《びんしょうせい》、フットワークを向上させることを責務としている。

アメリカのストレングストレーナーはとにかく陽気な人が多い。プロチームのストレングストレーナーともなると、その陽気さをテコに選手をやる気にさせるのがうまい。日本でストレングストレーナーについてもらった経験がないので断言はできないが、あれほどまでの明るい雰囲気は日本のストレングストレーナーにはあまりいないのではないか。

体の線の細い僕にとって、筋トレはつらいものだ。だが、彼らは僕らの傍らにやってきて、リズミカルに英語のフレーズを投げかけて気分を高揚させてくれる。トレーニングルームにはノリのいい音楽が大音量で流れている。

トレーナーたちは常に声を出し続け、選手の気持ちを盛り上げる。本来はつらさが伴うことの多い筋トレだが、彼らの陽気なノリに踊らされるような形で、調子良くできてしまったりするのだ。彼らのおかげで、僕は筋トレを楽しいものと思えるようになった。あの高揚感のつくり方は本当にすごいと思う。

バスケットボール自体の練習について言うと、アメリカでは実にコンパクトに行なわれる。時間もアメリカのほうが圧倒的に短い。その分、質をとにかく高め、成果を上げていくスタイルだ。これは他のスポーツでも言われていることだろう。

一方、日本での練習時間はとにかく長い。アメリカでは、大学の運動部でプレーできる選手の枠が限られている。ジョージ・ワシントン大学の場合、バスケットボールでスカラシップ（奨学金）をもらえる選手は13人しかいない。基本的にこれらの選手しか大学のバスケットボールチームに所属できない。入学する前の段階から生き残りのための競争が始まっており、「好きだからやれる」という環境ではないのだ。

そういった土壌でアメリカの選手たちは育ってきているので、大学でプレーしている選手たちのレベルは自《おの》ずと高い。

一方、日本の大学の部活の場合、入部の意思がある者は基本的に誰でも受け入れるため、部員の数はどうしても膨らんでいくことが多い。となると、大人数で練習をしなくてはならず、全員でその日の練習のメニューをこなそうと思うと、どうしても時間が長くなってしまう。チームでシュートの練習をするにしても、部員数が多ければリングに向かってシュートを打つまでに長い列をつくって待たなければならない。待ち時間が長くなれば、必然的に全体の練習時間も長くなっていく。

アメリカではこうした待ち時間が生じない。したがって、より短時間で練習を済ませられる。1時間半でも長い部類に入ると言っていい。

練習を1時間する場合は、全員でできることを集中してやる。たとえば、5対5に分かれ、限りなく実戦に近い形で練習していく。この練習でベストパフォーマンスができるように、個々の選手は事前に準備をしておかなくてはならない。

ウォームアップについても日米では捉え方が大きく異なる。日本では、ウォームアップも練習の一部だが、アメリカの場合、ウォームアップはまったく別物と見られ、ストレングストレーナーが指導していく。日本では、プロになって初めて別物と見るようになるのではないか。

日本では、まずは息を上げて調子を整えるため、往復ダッシュなど、とにかく走ることをメインとした練習から始めることが多いが、アメリカではプロであっても大学であっても、全体練習の一環としてこれをすることはない。

試合形式の練習では、チームメート同士であっても本気だ。普段は仲のいいチームメートなのに、お互い敵対心をむき出しにする。時に本気になり過ぎて、ケンカになってしまう場面をこれまでに何度も見てきた。練習でも、それぐらい激しくやるのがアメリカ流だ。

バスケットボールは基本的に5人制のスポーツなので、チームの規模は野球やサッカーに比べるとどうしても小さくなる。このため、チームメート同士の親密度は比較的高いと思う。野球やサッカーならチーム内でいくつかのグループに分かれたりするかもしれないが、バスケの場合は気の合う仲間同士で分かれるほどの人数はいない。

オフの日は、チームメートの多くは、外出したり、彼女とデートしたり、活発に動き回っているようだった。対して僕はと言うと、彼らよりも身体能力が劣っているという自覚があり、彼らと同じようなライフスタイルを送っていたら、彼らよりも上に行くことはできないと考えているので、オフの日は遊ばずに、対戦相手を研究したり、体を休めて英気を養うようにしていた。週末ごとに遊んでいたら、彼らに遅れを取るばかりだ。

すべてはバスケットボールのため。これが僕のスタイルなのだ。

＊12　各アスリートのパフォーマンスの向上と傷害予防を目的として、ウェイトトレーニングなどを中心とした安全で効果的なエクササイズプログラムを個別に作成し、指導を行なう。

32 道具や体づくりにこだわる

バスケットボールと言うと、シューズに興味を抱いている人も多いのではないだろうか。僕の場合、シーズン前に自分の足にしっくりくるシューズを見つけている。ナイキと用具契約をしているので、履いているのはナイキの製品だ。2018-2019シーズンは、ハイパーダンク2017バージョンを選んだ。中敷は自分にあったものをつくってもらったが、シューズそのものは市販されているものと同じだ。これを4足用意して、2足を交互に履き、あとの2足は予備として保管していた。新しいものに交換しても、同じ型なら慣れるのも早い。ちなみに2019-2020シーズンは、PG3EP（PG3 BY YOU）というモデルに変更した。

他のNBAの選手のシューズの選び方を見ていると、これがなかなか面白い。特定のシューズにこだわらず、毎試合、新品のシューズを履いている選手もいる。派手な色のシューズや奇抜なデザインのものを選び、おしゃれをするような感覚で着用しているのだ。シーズンを通して同じ型のシューズを履いている僕には、信じられない習慣である。

ボールについても触れておこう。NBAでは、FIBA（国際バスケットボール連盟）が定めるものとは異なるボールを使用している。

日本のBリーグの公式試合球は、FIBA主催の大会の公式試合球であるモルテン製のものを使用している。一方、NBAは自分たちだけのルールを持ち、世界基準に合わせることなく独自のものを使っている。メーカーはスポルディングだ。

ボールの違いは、触ってみればすぐにわかる。重さも大きさも明らかに違うのだ。手触りもまったく違う。僕の好みは、普段から使っているNBAの公式試合球だが、FIBAの公式試合球も普段から触っていれば、すぐに慣れる。

大学のときは、NCAAの公式試合球を使っていた。ここもまた、NBA公式試合球、FIBA公式試合球とも異なる独自のボールだった。NBAもNCAAも、〝オンリーワン〟であり続けたいという発想で運営されている傾向がある。なので、使用ボールに関しても我が道を行っているのではないだろうか。アメリカ的と言えば、それまでなのだが。

今後、日本代表の試合に出場する機会が増えることが予想されるが、このボールの違いに対応していかなければならない。そこで僕は、感触に慣れるために日本代表チームから公式試合球を1つ借りた。

そう言えば、ボールを借りた件について、話に尾ひれがついて一人歩きし、苦笑いすることがあった。どこでどう曲解されたのかわからないが、僕は普段からボールを抱いて寝ており、食事中もボールを手放さないほど代表戦に熱を入れているという噂《うわさ》が一時期広まったのだ。僕はただ、ボールを借りたことを話しただけなのに……。

それはさておき、ボールについてもシューズと同じで、ボールが変わってもまったく気にしない選手と気にする選手がいる。僕はどちらかというと違いが気になるので、FIBAの公式試合球にも慣れておきたいと思っている。また、ボールの違いを不調の言い訳にしたくないという気持ちもある。

バスケットボールに関連した必需品という意味では、水を挙げておきたい。僕は普段から水を意識して飲むようにしている。水を補給せずに練習を続けていると、体重がすぐに落ちてしまう。水分補給は体重維持のために不可欠だ。もちろん、脱水症状の予防にもなる。脱水症状が出てくると、疲労感や頭痛に襲われたりする。そうなるとバスケットボールのパフォーマンスに悪影響が出る。大学生のときにストレングストレーナーがいつも水を飲めと言っていたため、それがいつしか習慣になった。

さらに体づくりという点で言うと、いまの僕にとって大切なのは、体を太くして屈強な選手たちの当たりに負けないようにすることである。そのために、ストレングストレーナーにしたがって、筋肉を増強するためにプロテインも常に飲む。これに加え、体のコンディショニングを維持するために日本のサン・クロレラ社の製品を使用している。

アスリートである以上、常にベストパフォーマンスを発揮するための体づくりは何より大切である。そのためにも、これらの効果も最大限活かしていきたい。

33 毎日、練習を欠かさない

シーズン中は、完全オフの日はほとんどなく、毎日必ず練習するようにしている。故障をしたり、連戦で移動が続いたときは休むが、ボールを一度も触らない日は基本的にない。

試合がない日は、11時からチーム練習が組まれていることが多い。その場合、全体練習の前に、コーチの前でロードワークと呼ばれる個人練習をする。若手の僕の順番は早いので、9時くらいには練習場に行き、20分ほど行なっている。そのあとは、45分ほどの筋トレをする。

11時からは1時間～1時間半ほどのチーム練習がある。これが終わるとシューティングをコーチに見てもらい、トレーナーのマッサージを受けたあと、2時半か3時に自宅に戻る。そこからは休憩したり雑事を済ませたりして、夜の7時か8時に再び練習場に足を運ぶ。

夜の練習では、1時間ほどかけて500本のシュートを打つ。その際は、シューティングマシーンを使っている。リングの下にネットが張ってあり、そこにボールが落ちたあとは、自動的にボールを返してくれる。これなら1人でもシュートの練習ができる。これが試合のない日の僕の1日のスケジュールだ。

トップレベルの選手との技術の差はまだ歴然としている。シュート力、ハンドリング、パスの技術。それらの部分でまだ開きがある。ボーっとしていてはトップレベルの選手にいつまでも追いつけない。

大学時代はシュートが自分の長所だった。だが、NBAに挑戦してみてわかったのは、この舞台では飛び抜けた長所にならないという厳しい現実だった。これを武器にするには、さらに練習を重ねるしかないと思っている。

短所について言うと、体が細い点に尽きる。日本にいるときはいまよりも細かった。そしてそれが、やはり短所だった。アメリカに来て、大学で試合に出始めた当初は、その点を相手から狙われ、反則ぎりぎりのプレーをしかけられ、弾き飛ばされるようなことが多かった。

もともとの体のつくりに関しては、アメリカ人の筋骨隆々の人たちと比べるとやる気が失《う》せてしまうので、ここでも他人とは比べず、自分の過去といまを比べるようにしている。これを実践し続け、ＮＢＡで戦える体をつくり上げていきたい。

体を大きくし、強くするには、食べなくてはならない。量を多く食べれば体重は増えるが、単純に体重が増えればいいわけじゃない。エネルギーを摂取しつつ、効率的なウェイトトレーニングによって筋肉を増強していくことが大切だ。だから高タンパクで低カロリーの鳥のささみやターキーをよく食べる。アメリカではステーキが美味《おい》しいが、赤身の肉はなるべく避けている。その他では、野菜や寿司をよく食べる。

メンフィスには、イタリアン、メキシカン、インディアン、チャイニーズ、日本食などのレストランがたくさんあるので、食事に関しては困らない。アジア系の食材店に行けば、冷凍のうどんも購入できる。香川出身の僕にとって、うどんはソウルフードだ。

チームにはシェフがいて、練習や試合がある日は各選手に合わせた料理を出してくれる。さらには、プロテインを混ぜたスムージーの用意もある。しかし、こうした待遇はグリズリーズに帯同しているときのみに限られる。ハッスルで試合をしているときは、自分で栄養管理をしなくてはならない。

今後、自分は長所を伸ばしていくべきなのか、それとも短所を克服していくべきなのか。これについては日々考えを巡らしている。バランスを見ながら長所を伸ばしつつ、短所を克服していくのがベストだが、強いてどちらかを選ぶとすれば、長所を磨くべきかなと思っている。これについては、試行錯誤を重ねつつ、最適な方法を見つけて少しずつ改善していくしかない。

やはり睡眠は大切

34

すでに述べたが、僕の身長は206センチだ。日本にいると、僕より背の高い人に出会うことはめったにない。当然、街中《まちなか》では目立つ存在になってしまう。道で歩行者とすれ違うと、たいていの人は驚いた顔をして僕を見る。

ところがアメリカでの僕は一気に目立たなくなる。こちらでは一般の人でも2メートルを超える人が少なくないからだ。

実は、アメリカでは買い物のときに服を選べるのがすごく嬉しい。日本では、僕にフィットするサイズの服を見つけるのはとても難しかった。サイズがあればラッキーで、デザインが気に入らなくても、仕方なくそれを買うしかなかった。一方、アメリカには僕の体にフィットする大きさの衣類がたくさんある。そのおかげで、日本ではほぼできなかった服選びを楽しんでいる。

そんな僕も、小学校のときはそれほど長身ではなく、平均より少し高いくらいだった。両親は2人とも背が高い。父は190センチ、母は177センチだ。そのため僕は、将来は必ず大きくなるだろうと思われていた。ところが、なかなか身長が伸びないので、両親は少し焦ったようだ。しかし、それはまったくの杞憂《きゆう》に終わる。

小学生、中学生のころは、とにかく寝るようにしていた。特に成長期には寝てばかりいた。夜更かしして遅く起きるのではなく、9時には必ず寝て、朝練に合わせて6時ごろには起きていた。

中学3年生で部活を引退したあとも、10時にはベッドに入った。この時期、夜遅くまで受験勉強をする同級生たちもいたが、僕はとにかく睡眠を優先させた。

その甲斐《かい》あってか、中学3年生から高校入学までの間に、背丈が一気に伸びていった。中3の8月から翌4月までに、なんと180センチから190センチにまで大きくなったのだ。牛乳など、背が伸びるといわれているような食材を無理してとっていたわけではない。意識したのは寝ることだけ。振り返って考えてみると、中学生で成長痛を感じたときに、無理をしなかったのもプラスに作用したのではないか。

この時期は、自分でも背が伸びていくのがよくわかった。

毎朝、洗面所の鏡の前の定位置に立って歯を磨いていた。すると日を追うごとに、自分の顔が徐々に鏡の上部に移動していくのがわかった。そのたびに僕は、半歩、また半歩と後ずさりして歯を磨かなければならなかった。このときばかりは、背が高くなっているなとつくづく感じたものだ。

実家の壁には、僕の身長の伸び具合を測ったエンピツの跡が日付入りで残っている。それを見ると、当時の身長の伸び具合がいまでもよくわかる。

父は「雄太は将来必ず大きくなるから」と言い、家を建て直す際、特別に天井を高くしていた。家族全員が長身なので、そのほうが皆にとっても都合が良かった。

高校に通うようになってからも、相変わらず僕は寝るのが好きだった。夜更かししようにも親がそれを許してくれなかったし、朝練もあったので寝るしかなかった。

この習慣はすっかり自分に染みついてしまった。いまでも8時間は寝ているし、できるときには昼寝もする。

体力回復や免疫力を高め、脳の働きも活性化させてくれる睡眠は、僕にとって練習と同じくらい大切なものなのだ。

"Liking" yields power.

STEP 6

さらなる高みを目指して

35

真のNBAプレーヤーになるために

2019年7月、僕はグリズリーズの一員として、サマーリーグに参加した。昨年に引き続き、2度目の参加である。

1年間、NBA、Gリーグで戦った上で明確になった自分の大きな課題が2つあった。

1つは、シュート力、特に3ポイントシュートの精度の向上だ。昨シーズン、NBAの舞台では、本来決められるはずのシュートをなかなか決められなかった。Gリーグの試合では決まるシュートがNBAの試合になると決まらないのは、NBA選手のディフェンス力の高さが理由の1つだ。

まず簡単にノーマークの状況をつくらせてくれない。さらにGリーグでは余裕を持ってシュートを放つことができていた場面でも、ディフェンスのカバーの素早さや高さがさらにワンランク上がっているため、NBAではブロックされてしまうことがあった。

そうした場面を経験すると、次のシュートを打つときもまた想定外のところから手が伸びてくるのではというプレッシャーから気持ちが急《せ》かされて、手元が狂ってしまうのだ。ほんのちょっとのことなのだが、その「ちょっとのこと」に煩《わずら》わされ、力が出せなくなる。

もう1つの課題はフィジカルの強化である。僕の場合、体質的になかなか太れない。これまで地道なウェイトトレーニングで、少しずつではあるが筋肉を増やしてきたが、屈強な体を持つNBA選手と相対すると、やはりまだまだ当たり負けしてしまうことを痛感した。

僕の場合、現時点ではグリズリーズと2年間の2ウェイ契約をしているため、2019-2020シーズンもグリズリーズとの契約は続いていく。

ただしそこは厳しい世界で、契約していたとしても、途中で契約が抹消されるケースもある。
ステフェンズ選手の件は前述したが、2018‐2019シーズン中、グリズリーズは僕を含めて4人の選手と2ウェイ契約を結んだ。しかし、同時契約できるのは2人までなので、うち2人は2年の契約満了を待たずに解雇されている。2ウェイ契約の場合、契約金が高くないので、2年分の契約金をすべて支払った上で解雇してしまうケースもあるのだ。

僕としては、2ウェイ契約が切れる前に本契約を交わし、グリズリーズのレギュラーメンバーとしてローテーションに入っていきたい。これが直近の目標だ。

そのために、このオフの間は、先の2つの課題克服を念頭に、トレーニングに励んだ。シュートに関しては、昨シーズン経験したNBAレベルのディフェンスをイメージしながら繰り返し繰り返しシュートを打ち続けた。フィジカル面に関しては、ストレングストレーナーが用意してくれたメニューをしっかりこなし、食事面でも注意しながら、5キロのウェイトアップに成功した。ウェイトトレーニングについては、トレーナーのアドバイスに従って週1日は休養日を設けることにしたのだが、それが功を奏したようだ。これまでの僕は、ある種オーバーワークだったのかもしれない。

そうして迎えた今年のサマーリーグ。

昨年は何もかも初めての経験で、どう行動すればよいのか暗中模索の中での参加だったが、今年はオフに有意義なトレーニングを積むことができたこともあって、落ち着いてゲームに臨むことができた。

結果としては、チームのフロントやコーチ陣に対し、昨シーズンからの成長を十分にアピールできたと思う。

ゴール下に切り込んでいくプレーでは相手に当たり負けすることがほとんどなくなったし、いい形での3ポイントシュートも決めることができた。スタッツ的にも、出場した試合はすべて10点以上のポイントを挙げることができ、ディフェンスやリバウンドでもチームの勝利に貢献できたと思う。

加えて、我らグリズリーズはこのサマーリーグで優勝も果たした。

本来サマーリーグは、若手の選手が自分の能力をアピールする場であるため、ゲームの勝敗は二の次となる。

チームメートと言っても、限られたロースターの枠を取り合うライバルである。よって基本的に個々の選手が自分勝手なプレーに走る傾向が強い。実際、昨年のサマーリーグでは、ゲームに出てもなかなか自分にボールが回ってこない場面も多く、苦労した。

だが、グリズリーズはもともと、プレーヤー個人の能力に頼らず、ディフェンスを中心に、チームとしてのプレーを重視するというカルチャーを持っているため、今回のチームも皆がチームメートそれぞれのプレースタイルを理解し、お互いにお互いが良いプレーを引き出そうとするマインドを持っていたと思う。つまり、皆が「チームの一員として」という考えを前提に、自分の能力をアピールしていたのだ。

僕自身としては2年目ということもあり、初めてこの大会に参加する選手に対しては積極的にコミュニケーションを取り、自分がベンチにいるときも大きな声を出して、チームを鼓舞することに努めた。

リーグ途中で、ふくらはぎに痛みが出たため、終盤のゲームに出られなかったのは残念だったが、このチームで優勝できたことはやはり嬉《うれ》しかった。

前述したとおり、僕はチームの中でスター選手になろうと思ってはいない。チームに必要とされるロールプレーヤーになることを目指している。そういう意味では、このグリズリーズは、僕にとって本当にフィットしているチームだと思う。

このあと、僕が本契約に進めるかどうかは、チームの判断に委《ゆだ》ねるしかないが、このサマーリーグに関しては、オフの過ごし方を含め、自分にとって満足のいくものであった。

バスケットボール選手が旬の時期を迎えるのは、平均して27歳もしくは28歳と言われている。僕はまだその年齢に達しておらず、この先、3、4年はまだ伸びていける。これからが正念場だ。

これからも、1秒も無駄にせず、引き続きバスケットボールに集中していけば、真の意味でのNBAプレーヤーになるという目標は達成できるはずだ。

36 自分の言葉に責任を持つ

選手はよく、決まり文句のように「ファンの声援はありがたい」と口にする。ファンサービスとしての言葉かと思っている人もいるかもしれないが、少なくとも僕の場合、これは本心から出ている言葉だ。

2018年9月、ワールドカップ・アジア地区第2次予選で日本はイランと戦った。この予選で4連敗からスタートした日本は、その後3連勝していたものの、ワールドカップ出場、その先の東京オリンピック出場に向けて、負けられない試合が続いていた。イランは近年、アジアの中では常にナンバーワンを争っている強豪国である。FIBAランキングでも日本の49位（当時）に対しイランは25位（当時）とだいぶ差をつけられていた。

このワールドカップ予選は、2017年から約1年半をかけて、ホーム&アウェイ方式で行なわれていたのだが、僕は、アメリカでの大学のシーズン中であったり、NBAでの契約に向けてサマーリーグにも参加していたため、代表チームに参加が可能だったのは、このイラン戦とその4日前に行なわれたカザフスタン戦に限られていた。

アウェイでのカザフスタン戦で勝利し、ワールドカップ出場に向けて土俵際で何とか踏みとどまっている状況で迎えたホームでのイラン戦。会場の大田区総合体育館は満員の観衆で埋まっていた。Bリーグが2016年に開幕して以来、嬉しいことに日本のバスケットボール熱は一気に高まっている。この試合のチケットもすぐに完売となったそうだ。

この状況を持続させるためにも、日本のバスケ関係者、ファンは皆、ワールドカップ出場を願っていた。僕は限られた試合しか参加できなかったが、出場した試合では、最大限の貢献をし、勝利に導きたいと強く思っていた。

この試合の前半、僕の調子はなかなか上がらず、どちらかというと、もたつき気味だった。

そんなもどかしいプレーが続いていた中、前半残り5分になろうというところで、スティール[*13]に成功する。僕はそのまま相手のリングに向かい、レイアップシュート[*14]を決めた。このとき僕は、あえて大袈裟《おおげさ》にガッツポーズをし、観客を盛り上げるようにした。すると、見ていた人たちはそれに応《こた》え、大声援を送ってくれたのだ。

そこまではどちらかというと、日本は劣勢を強いられていた。

僕が観客を盛り上げたのは、歓声の力によって助けてもらいたかったからだ。観客が盛り上がると、選手のテンションも上がる。実際にあのあと、僕の調子は上向いていった。チームとしても同点に追いついた場面であり、振り返ってもここがこの試合の大きなターニングポイントだったと思う。

ファンの熱量は確実に選手に伝わる。ファンの歓声はアリーナ中に地鳴りのように響き、選手を熱くしていくのだ。

ありがたいことに、僕の所属するグリズリーズのファンも熱狂的だ。彼らの声援に僕はいつも助けられている。

ところで、プロになって以降、公の場でコメントをする機会が増えた。

その結果、いまではいろいろな人が僕の話を聞き、声援を送ってくれる。

自分の言葉が思わぬところで影響を与えるかもしれないと思うと、いい加減な発言はできない。そのことを意識して、自分が発する言葉にはなるべく意味を持たせるように心がけている。

しっかりとした考え方を伝えることで、ファンはより多くの信頼を寄せてくれるはずだ。それが試合中の声援にもつながっていく。ＮＢＡに憧れる若者も多い。彼らにもいい影響を与えられるように、より一層努力したい。

大学時代はあまり感じなかったが、プロになってこういう意識は強くなっている。今後も引き続き、いい言葉を発せられるように心がけていくつもりだ。

＊13　ディフェンス側が、オフェンス側の保持しているボールを奪うこと。

＊14　走りながら打つシュート。ジャンプして、ボールをリングの上に置く（レイアップ）ように放つ。

失敗を恐れない

37

ＮＢＡという世界トップレベルのバスケットボールリーグで勝負している限り、いつかどこかで壁にぶつかり、挫折《ざせつ》するかもしれないという危機感を常に抱いている。

実際のところ、スタッツが振るわず、契約を解除されてしまった選手を何人も見ているし、自分がその対象になる可能性はいつでもある。

危機感を持つのは、いまよりも高いレベルへ到達するための自分への戒《いまし》めであり、それを感じることで現状に甘えないようにしているとも言える。

ただし、危機感はあっても恐怖心はない。

そもそも、恐れを感じて悩んだところで意味はない。人が何かに挑戦するとき、必ず壁や挫折に遭遇する。すべて望みどおりにいくわけはない。そう考えて、周囲と比べるのをやめ、自分だけを見ることにしたのだ。

アメリカに来る前、渡米を「リスク」と言う人がいた。

僕はその言葉を使わない。アメリカに来て、仮にうまくいかなかったとしても、それが失敗だとは思わないからだ。

色摩先生がアメリカに行く前に僕に言ってくれた言葉がある。

「失敗した人とは、成功しなかった人のことではなく、諦めた人のことだ」

何かに挑戦してうまくいかないと、人は「失敗」と決めつけてしまいがちだ。しかし、それは絶対に違う。

スポーツであれ、ビジネスであれ、何かに挑戦したという事実にこそ価値がある。うまくいかなかったからと言って、挑戦をするまでのプロセスが無駄になるわけではないのだ。

挑戦することで人は成長し、その過程で多くを得ることができる。挑戦をリスクとして捉えるのは正しくない。

何かをする前から諦めてしまったら、手にできるものは何もない。諦めこそがリスクであり、失敗そのものなのだ。アメリカに来てからずっとそう考えている。

38 日本代表としての自覚

2019年2月24日、ワールドカップ・アジア地区予選最終戦で日本代表はカタール戦に勝利し、ワールドカップ出場を決めた。

これまで長い間、日本は世界の舞台に進むことができないでいた。ワールドカップ出場は日本で開催された2006年大会以来13年ぶり。しかもこのときは、開催国枠での出場であり、予選を勝ち抜いてとなると、1998年のアテネ大会以来21年ぶり。オリンピック出場となると、1976年のモントリオール大会が最後である。

僕は高校2年のとき、初めて日本代表に選んでもらい、以降も何回か日本代表の試合に出させてもらっている。だが、本当の意味でのチームの戦力として参加させてもらったのは、リオデジャネイロ・オリンピックの世界最終予選のときだった。ここで勝てば、40年ぶりのオリンピック出場を決められる。

このとき同じグループに入ったのは、チェコ、ラトビアというヨーロッパ勢である。一般の人からすれば、バスケットボールで強い国と言えばアメリカしか思い浮かばないかもしれないが、実はヨーロッパもレベルが高い。世界大会の決勝でアメリカと争うのはほぼヨーロッパのチームだし、NBAでも数多くのヨーロッパ人選手が活躍している。

そうは言っても、当時ジョージ・ワシントン大学の主要メンバーとして、NCAAのディビジョン1で戦っていた僕は、そうしたヨーロッパ勢に対しても十分通用する自信はあった。

だが、2試合とも完敗であった。またもや、日本は世界への扉をこじ開けることはできなかった。僕にとって、悔しいという気持ちだけが残る大会だった。

ただし、このときを境に、僕の中で「日の丸を背負う」という気持ちが芽生えたことは間違いない。

このような歴史を経て迎えたのが、2017年秋から始まったワールドカップ予選である。

ご存じのように2020年には東京でオリンピックが開催されるが、日本は近年の実績不足から、バスケットボールに関しては開催国枠をもらえるかどうかわからず、出場自体が危ぶまれていた。

一方で、2016年にBリーグが開幕して以降、国内でのバスケットボール人気が高まっていることは、アメリカにいる僕も感じていた。この人気をさらに加速させるためにも、ワールドカップ出場を決めることが非常に重要であり、そのことが東京オリンピック出場につながることは、選手含め日本のバスケットボール関係者は皆理解していた。

先に少し触れたが、この予選で、日本はいきなり4連敗してしまう。僕は2018年9月に行なわれた2試合しか参加できなかったが、この時点でも2勝4敗と、後がない状況が続いていた。

だが、そうした中で、日本代表チームに合流してみると、チームの中で下を向いている人は誰もいなかった。皆、日本代表として戦うことの誇りに溢《あふ》れており、関係者やファンの期待に応えようと必死になっている。

そうした姿を見て、僕は改めて、日本代表としてプレーすることの責任感を認識し、短い期間ではあったが、チームの勝利のために全力で臨んだ。

結果、日本代表は、4連敗のあとは無傷の8連勝でワールドカップ出場を決めることができた。この成績が認められ、その後まもなく、東京オリンピックの開催国枠での出場も決定。ようやく世界への扉が開かれたのである。

僕はアメリカでのシーズン中のため、この瞬間の喜びを皆と直接分かち合えなかったが、SNSなどを通して、選手や関係者のみならず、何より日本のバスケットボールファンの皆がものすごく喜んでくれている様子が伝わってきた。


そして2019年3月16日、ワールドカップでの対戦相手が決まった。

日本と同じ組に入ったのは、トルコ、チェコ、そしてアメリカである。メンバーはまだわからないが、アメリカ代表チームは、いずれにせよNBAのオールスター級のメンバーで構成されることは間違いない。そのチームと世界最高峰の舞台で対戦できるのである。

他の2チームも、トルコは2010年大会で銀メダルのチームであり、チェコも前述したリオ五輪最終予選で完敗した国である。いずれもこれまでの実績からすれば、日本より格上と言える。

勝つことが難しいのは重々承知している。だが、もし代表に選ばれて参加が叶《かな》うのであれば、僕自身、最初から負ける気持ちで臨むつもりはさらさらない。

それは、他の日本代表のメンバーも同じだろうし、苦しいアジア予選を経験した僕たちは、これからもっともっと強くなれると確信している。

そして代表チームが次に迎える大舞台は、２０２０年の東京オリンピックとなる。

高校を卒業して以来、僕が日本でプレーする機会はほとんどない。

東京で開かれるオリンピックの試合は、僕の最高のプレーを家族や恩師をはじめ、お世話になった方々、そして日本のバスケットボールファンにお見せする絶好の機会になるだろう。

そのときまでには、ＮＢＡプレーヤーとしてさらに活躍している姿もお見せしたい。

それが僕のできる恩返しになるはずだ。

39 「日本一丸」で戦う

ワールドカップ・アジア地区予選で4連敗を喫した後、日本代表のキャプテン、篠山竜青選手（川崎ブレイブサンダース）は、「日本一丸」というスローガンを掲げ、このあとの厳しい戦いに立ち向かう上での、自らの決意を表した。このスローガンは、チーム内のみならず、日本バスケットボール協会、ひいてはファンの中でも合言葉となって、結果としてその後の8連勝につながっていく。

実際、この予選を勝ち抜くことができたのは、日本の選手、関係者、ファンが、文字どおり「一丸」となったことが大きいと思う。

普段、各チームの主力として活躍している選手を集めて、日本代表チームを強化していくというのは、簡単なことではない。ましてや僕のように海外で活動していると、なかなか日本代表に参加するのは難しくなる。にもかかわらず、協会の方々は、事あるごとに僕にコンタクトをとってくれ、アメリカにおける僕の事情を理解し、できる限り代表として参加できるよう調整を図ってくれた。フリオ・ラマス代表監督も、わざわざアメリカにまで来て、日本代表チームの状況や目指している方向を説明してくれ、僕がスムーズに日本代表チームに入っていけるようにしてくれた。

また、日本代表の先輩たちも、限られた期間しか練習に参加できなかったにもかかわらず、僕が合流したときには、自然と溶け込めるような環境をつくって迎えてくれた。

僕は日本代表チームの中では年齢は下のほうである。竹内譲次選手（アルバルク東京）、竹内公輔選手（宇都宮ブレックス）のような、長い間日本を背負ってきたベテラン選手でも、僕が1つひとつのプレーについて意見を述べても、真剣に聞いてくれる。年齢による隔たりがないのがいまの日本代表チームの特徴と言っていいだろう。

そしてファンである。この予選中、ホームでの試合はいずれも即完売。超満員の会場で、とてつもない大きな声援の中でプレーさせてもらえた。

この「日本一丸」のムーブメントが今後も続き、さらに大きなものになっていけるよう、僕も日本人プレーヤーの1人としてその力になりたいと思う。

40 刺激を与えてくれる仲間たち

２０１９年６月20日（日本時間21日）、八村塁選手が日本人として初めてＮＢＡのドラフトで１巡目（９位）指名を受け、ワシントン・ウィザーズへの入団を決めた。

八村選手は、年齢は４つ下だが、ほぼ同時期にＮＣＡＡで活動していたこともあり、常に刺激を受けてきた仲間だ。個人的にも仲が良く、よくメッセージでやり取りしている。

僕自身、八村選手は当然１巡目で指名されるものと思ってはいたが、本当にそれが現実となると、やはり夢の中の出来事のようにも思える。それくらい、ＮＢＡの１巡目で指名されるということはすごいことなのだ。

グリズリーズとウィザーズはディビジョンが違うものの、今季、対戦することもあるはずだ。そうなれば、彼とは身長もさして変わらないので、マッチアップすることになるかもしれない。それを考えると、いまからワクワクが止まらない。

ウィザーズと対戦するとき、自分がロースター入りし、試合に出られる状況にいられるよう、僕自身も練習を続けていかなくてはと、身が引き締まる。


Bリーグ2018-2019シーズンでMVPを受賞し、日本人初の1億円Bリーガーとなった富樫勇樹選手（千葉ジェッツふなばし）も仲良くしている日本人選手の1人である。年齢は1つ上だが、日本に帰国した際には、ほぼ必ず一緒に食事に行ったりしている。

彼も中学を卒業してすぐに渡米し、NBAを目指した。NBA出場は叶わなかったものの、僕がアメリカ行きを決める上で、彼の存在は大きかった。

富樫選手は身長167センチと日本人としても小柄だが、それを補って余りあるスピードで、大きな選手を相手に得点も量産する。バスケットボールを知らない人でも、彼のプレーを見れば、すぐに魅了されてしまうだろう。

何よりも彼の優れている点は、そのマインドである。試合終盤の勝敗を左右する大事な場面では、かなりの割合で自分でシュートを打つことを選択し、またこれもかなりの確率で決めてしまう。こうしたプレーは、試合の勝敗を自分が背負うという覚悟を持っていなければ、できるものではない。

このマインドの強さは、同じプロの選手として、本当にすごいと思う。

この2人に限らず、これまでのバスケ人生の中で、たくさんの仲間から刺激を受けてきて、いまの僕がある。日本であれ、アメリカであれ、一流のプレーヤーには見習うべき点が必ずある。そうした選手から受ける刺激は、僕が成長していく上で、間違いなく糧《かて》となっているのである。

デザイン：天野昌樹
編集協力：野口孝行
櫻井健司
校　正：コトノハ
協　力：電通
ジエブ
スケール
写真：
Joe Murphy／National Basketball Association／Getty Images（カバー、P1）
小林靖（P56、P199）
ZUMA Press／アフロ（P93）
AP／アフロ（P128）
USA TODAY Sports／ロイター／アフロ（P156、P163）

おわりに

僕にとってバスケットボールとは、プレーしているだけで心身ともに楽しい気分にしてくれるものです。思い返せば、子どものころからいつもそう感じていました。

その後、高校に入って1、2年経《た》ったころでしょうか。バスケットボールは、自分にとってなくてはならないものだと明確に意識するようになりました。それは年を経たいまもまったく変わりません。まさに本書のタイトルが示しているように、僕は「好き」という気持ちを原動力とし、これまでの人生を歩んできたのです。

それにしても、プレー自体の楽しさを除いた部分で考えると、バスケットボールのどこに自分はそこまでの魅力を感じるのか。過去に何度も説得力のある答えを探してきましたが、いまに至っても明確な答えが見つかっていません。

ただ、最近になって何となく答えに結びつくヒントのようなものが見え始めてきました。

その1つが、バスケットボールが僕にもたらしてくれた人との出会いです。

小学生のころにバスケットボールを始め、中学校、高校、大学、NBAと選手としてプレーする中で、僕は多くのチームメートと出会い、ともに汗水を流してきました。彼らとの関係は、バスケットボールがなかったら築けなかったものです。

僕のバスケットボール人生の中で非常に重要な部分を教えてくれたのは、本書で何度も触れた尽誠学園時代の色摩先生です。僕がバスケットボールをしていなかったら先生との出会いもないままに10代を過ごしていたでしょう。

言うまでもないことですが、尽誠学園時代がなければ、いまの僕はこの世の中に存在していません。バスケットボールを通じた恩師や親友との出会いは自分の人生に大きなプラスのインパクトを与えてくれました。

誰が何と言おうとも、バスケットボールはかけがえのない人々たちとの出会いをもたらしてくれる存在です。バスケットボールを好きになったことで、僕の人生は確実に豊かになっているのです。

もう1つ、バスケットボールの魅力について思うのは、それに打ち込むことで人として成長できるという側面です。

忍耐力、コミュニケーション力、社会性、目標設定の仕方など、生きていく上で大切な多くの事柄を僕はバスケットボールをしながら学んできました。この学びは今後もずっと続いていくでしょう。こうした人生のガイド的な役割を果たしてくれる点も魅力の1つと言えるのかもしれません。

これまでNBAでプレーしたいという夢を持ってバスケットボールを続けてきました。それが現実になったいま、心の底からバスケットボールに感謝しています。

バスケットボールをしていなかったら、香川で育った僕がアメリカに来て生活することはなかったはずです。英語を何不自由なく話し、国籍も人種も違う人たちと仲間として親しくつき合うなんてこともあり得ません。

これらはすべてバスケットボールが可能にしてくれたのです。バスケットボールがあったからこそ成長でき、自分の世界も広がったのです。

そう考えると、僕にとってバスケットボールは、僕という人間、僕の人生をつくり上げたすべてと言っていいでしょう。

バスケットボールの魅力。そんなことを考えてきましたが、もしかしたら複雑な答えなどは必要ないのかもしれません。

「単純に好きだから」

これだけで十分のような気もします。

好きなものを見つけ、それに力を注げば、人は必ず何かを得られるものです。

ただし、この当たり前を実行するのが結構難しい。それでも何かを得るには実行していくしかないのです。

この先、バスケットボールは自分をどんな人間にしていってくれるのでしょうか。

その行く末を僕はとても楽しみにしています。

今後も「好き」という感覚を武器にして、上を目指して突き進んでいくつもりです。

2019年8月吉日

渡邊雄太

渡邊 雄太（わたなべ ゆうた）

1994年10月13日生まれ、香川県出身。2011年、史上初めて高校生（尽誠学園高校）でバスケットボール男子日本代表に選出。16年、全米大学バスケットボール招待大会（NIT）優勝。17年、Atlantic 10 All-Defensive Team 受賞。18年、Atlantic 10 Defensive Player of the Year 受賞。同年7月、メンフィス・グリズリーズ保有の「NBA契約選手」となり、10月27日（現地時間）のフェニックス・サンズ戦に出場し、日本人2人目の「NBA選手」となる。

「好《す》き」を力《ちから》にする
NBAプレーヤーになるために僕《ぼく》が続《つづ》けてきたこと

2019年 10月11日　初版発行
2024年 9月5日　6版発行

著者／渡邊《わたなべ》 雄太《ゆうた》

発行者／山下 直久

発行／株式会社KADOKAWA
〒102-8177　東京都千代田区富士見2-13-3
電話 0570-002-301（ナビダイヤル）

印刷所／大日本印刷株式会社

ISBN 978-4-04-604284-2　C0075